MARIE-NICOLAS DES GUERROIS

SA VIE

ET

SES OUVRAGES

PAR

CHARLES DES GUERROIS.

TROYES,

BOUQUOT, ÉDITEUR, RUE NOTRE-DAME, 86.

PARIS,

SCHULZ ET THUILLIE, LIBRAIRES-COMMISSIONNAIRES,
quai des Augustins, 7.

—

MDCCCLIV.

MARIE-NICOLAS DES GUERROIS

SA VIE ET SES OUVRAGES.

N.° 110

Charles Desguerrois

MARIE-NICOLAS DES GUERROIS.

MARIE-NICOLAS DES GUERROIS

SA VIE

ET

SES OUVRAGES

PAR

CHARLES DES GUERROIS.

———

TROYES.

BOUQUOT, ÉDITEUR, RUE NOTRE-DAME, 86.

PARIS.

SCHULZ ET THUILLIÉ, LIBRAIRES-COMMISSIONNAIRES,
quai des Augustins, 7.

—

MDCCCLIV.

MARIE-NICOLAS DES GUERROIS

SA VIE ET SES OUVRAGES.

J'aime assez, quand j'ouvre un livre, que l'auteur
se mette en communication avec moi par quelques
mots qui nous rapprochent, et, en écartant toute
idée de dédain ou de supériorité, me fasse comprendre que nous ne sommes pas étrangers l'un à
l'autre, et que nous pouvons traiter sur un certain
pied d'égalité, je dirais presque d'amitié et de fami-
liarité. Voilà pourquoi, lorsque je passe du rôle de
lecteur à l'autre rôle, et que je prends la plume en
mon nom, je me plais à converser avec le lecteur,
à la mode du bon vieux temps, je me plais en quelque sorte à lui serrer la main. Je fais donc ici ma
confession de bonne foi.

Il y a longtemps que je me proposais d'écrire une
notice sur le Père Des Guerrois : la communauté de
nom et d'origine m'y engageait et m'en faisait même
un devoir, que je n'ai jamais entendu décliner ou
repousser ; mais, je l'avouerai, ce devoir me semblait pénible, et je me suis repris à plus d'une fois
à aborder mon excellent ancêtre, avant de sentir
qu'il me fît accueil, ou d'oublier moi-même je ne

sais quel effroi que m'inspirait sa physionomie presque dure et barbare.

Il faut en convenir aussi, l'aspect de cet in-quarto qu'il fallait traverser à petits pas, et dans lequel l'écrivain du XVIIe siècle a renfermé, comme dans une prison un peu sombre, tous les saints en vénération dans le diocèse de Troyes, n'était pas par lui-même fort rassurant. Lourd volume, sans attrait à la première vue, sans grâce, sans beauté, sans marges, sans repos d'alinéas ou de coupures; gris, mal imprimé et de huit cent cinquante pages à moitié remplies de miracles, tous uniformément racontés. Certes, il fallait du courage pour lire un tel livre. Et puis, quand le portrait de l'auteur, depuis tantôt deux siècles conservé dans ma famille, fut tombé en mes mains, et que je pus contempler à loisir cette figure aux traits sans finesse, sans jeunesse, j'entends cette jeunesse de l'esprit qui console de l'autre, l'attrait ne redoubla pas, et le projet d'écrire sur le vieil écrivain fut ajourné bien loin. J'avais un regret pourtant, et comme un remords. Un retour ne me fut pas bien difficile. A force de jeter un regard en passant dans le vieil in-quarto, qui revenait toujours sous mon œil involontaire, je m'aperçus qu'après tout, il n'y avait pas là que des miracles chers à la crédulité de nos aïeux, que des faits historiques curieux s'y mêlaient en grand nombre; je reconnus surtout que ce monument du pays recélait des trésors de ce vieux style, qui nous charme tant dans Amyot; je pus revenir sans peine d'abord, et puis avec un plaisir sincère, toujours croissant. Et ce portrait aussi, qui souvent me ramenait vers sa toile usée et décrépite, à force de le regarder, je finis par trouver sous ces traits sans grâce et sans légèreté, une bonhomie vraie, mieux que cela, une bonté mêlée de force et de solidité, et tempérant ces qualités moins souriantes. Mon vieux parent m'effraya moins par degrés; je me familiarisai avec lui, si bien que je finis aujourd'hui avec douceur ce que j'ai entrepris par devoir.

Des Guerrois — je conserve à son nom l'orthographe qui est la vraie et qu'il a toujours employée, soit à la tête de ses livres, soit toutes les fois qu'il a eu dans son texte l'occasion de nommer sa famille — est un écrivain modeste; mais ces modestes touchent d'une part à la science, à laquelle ils conservent des matériaux et des souvenirs, de l'autre aux croyances populaires où ils enfoncent leurs racines, où ils laissent des traces durables, où ils agissent par des influences cachées et très-réelles : c'est-à-dire qu'ils tiennent à deux des choses les plus vivaces et les plus puissantes qui aient action sur l'âme humaine.

Cet historien de nos annales sacrées, un peu pour les causes que nous avons touchées, un peu aussi en conséquence de cet oubli où notre ingratitude a, pendant bien des années, enseveli toutes les choses de notre passé, s'est vu négligé longtemps : les érudits savaient encore son nom, et les curieux conservaient son ouvrage; mais il s'est bien relevé de cet oubli, et la haute valeur à laquelle s'élève aujourd'hui ce livre, que l'on sait plein de faits intéressants, en est une preuve de nature à parler à beaucoup d'esprits peu disposés ou peu propres à en recevoir d'autres.

Notre historien, Marie-Nicolas de ses prénoms, était né, à Arcis, de Claude Des Guerrois, intendant des affaires de Mme la duchesse de Bouillon, d'une famille qui, dès le xve siècle, avait son illustration et son importance. Des Guerrois, qui était trop modeste pour parler beaucoup de lui, n'a pas pris la peine de nous apprendre au juste la date de sa naissance; toutefois, un passage de son livre nous permet de la fixer d'une manière à peu près certaine. En effet, discourant à cette page, de l'évêque protestant, Antoine Caracciole de Melphe, déshonneur, au xvie siècle, de la chaire épiscopale de Troyes, il nous apprend que cet évêque calviniste, en présence de la rude opposition que lui fit la bonne ville catholique, dut quitter et son siége et la cité, pour se retirer à Châteauneuf, au diocèse d'Orléans, où il mourut en 1569, et il ajoute : « Je ne dis rien du mien, mais comme l'ayant appris du vénérable et grave homme M. Guillaume de Taix, abbé de Basse-Fontaine et doyen de Troyes, auquel, comme j'estois escholier en l'an 1598, et qu'avec mes compagnons je lui portois un épigramme par le commandement de notre Principal M. Jean Truchot, il nous en fit une et deux fois le récit; car le dit sieur de Taix l'avait fréquenté. » En 1598 donc, il était écolier, portant au dehors, pour étendre sans doute la considération du collége, des épigrammes de sa façon : on peut hardiment lui donner à cette époque dix-sept ou dix-huit ans, ce qui suppose qu'il était né vers 1580 (1).

---

(1) Un passage des registres de Saint-Pierre, conservé aux Archives de Troyes, m'autorise à croire que Des Guerrois était né en 1579 : nous voyons en effet qu'à la date du mois de mai 1661,

Notons au passage *cet épigramme* du jeune écolier :
Cette ligne est bonne à recueillir et à rapprocher de
quelques autres de Grosley, où il nous apprend que
Des Guerrois, dans sa jeunesse, avait cultivé les
langues grecque et latine, et qu'il avait composé,
dans la première, des épigrammes, et dans la seconde, des élégies, des héroïdes et même un poème.
J'ai vu, ajoute Grosley, *le recueil de ces compositions
écrit de sa main.* Malgré un témoignage si formel, et
quand il est question d'un auteur si grave et de si
peu de sourire, peut-être nous serait-il resté quelque doute, si le passage inattendu de l'écrivain
lui-même ne fût venu nous dire qu'il n'y avait pas
eu chez Grosley la moindre ironie, et qu'il n'avait
fait ici que le rôle de fidèle historien. Mais, au lieu
de se borner à une mention si sèche, que n'a-t-il
bien mérité de notre curiosité en nous transmet-
tant quelque échantillon de ce recueil qu'il avait vu
et tenu ? Il n'eût fait d'ailleurs que rester dans sa
fonction et dans son goût de malicieux historien en

Des Guerrois avait quatre-vingt-deux ans *accomplis*. Voici ce que
portent ces registres sous la date du 13 mai 1661 :

« Acte a esté donné à M. Des Guerrois de la déclaration qu'il a
faite d'avoir commencé son stage le sept de ce mois, jour de la
feste de Sainte-Mastie, le lendemain de sa réception, et luy a esté
souhaité de le pouvoir achever avec autant d'assiduité qu'il en a
apporté ces cinq jours depuis son commencement, nonobstant son
âge de plus de quatre-vingt-deux ans. »

Le souhait de ces bons chanoines, que nous nous représentons
empressés autour du vieillard et lui exprimant cordialement leurs
vœux, a été largement accompli.

Des Guerrois commence son stage le jour de Sainte-Mastie ;
toujours ses chers Saints : cela est à remarquer.

nous ménageant un piquant rapprochement avec les pages de la *Sainteté Chrestienne*.

Des Guerrois faisait donc ses études à Paris, études qu'il compléta par un cours obligé de théologie en Sorbonne. Ce cours terminé, et l'ordination s'en étant suivie, nous retrouvons le jeune prêtre à Troyes, pourvu d'un canonicat de Saint-Urbain. Une vie modeste commence pour lui, mais égale à ses ambitions, et dont les années s'écoulent rapidement, soit au chapitre de la Collégiale, soit dans l'église Saint-Jean-au-Marché, où il remplit ensuite les fonctions de pénitencier. Années rapides, années dont la trace humaine s'anéantit à l'œil de l'historien qui, après deux siècles, cherche des faits; années fécondes devant Dieu, qui a vu les œuvres de la prière, de la prédication et du soulagement des âmes. En 1633, René de Breslay, évêque de Troyes, dans l'Ordonnance (*Rescriptum*) qui précède le petit livre intitulé : *Ephimeris Sanctorum,* nous apprend que, depuis dix-sept ans déjà, c'est-à-dire depuis 1616, Des Guerrois se consacre à la parole divine, tant dans la cathédrale de Troyes que dans les autres églises et monastères du diocèse, et il laisse tomber du haut de son siége épiscopal, de ces paroles de louange pour le zèle et d'encouragement pour la vertu, qui seraient une récompense et un aiguillon, si l'âme n'avait pas sa récompense meilleure et son aiguillon plus vif dans la considération de Dieu, qui voit et soutient dans ces œuvres laborieuses et méritantes.

Des Guerrois, nous l'apprenons par cette même ordonnance, avait bien des fois refusé des bénéfices et des charges que lui offrait la bienveillance de son

évêque. Et l'œuvre de la science encore s'entremê-
lait à l'œuvre de la sainteté et du pieux ministère.
C'est une vie curieuse à étudier que celle de ce
prêtre modeste et enthousiaste, unissant la crédulité
d'une âme naïve et la défiance de l'érudit qui veut
voir par lui-même, s'assurer *de visu* du contenu des
vieux parchemins, puiser aux sources, allant de monastère en monastère, d'abbaye en abbaye, d'église
en église, portant à des auditoires variés la parole divine, et cherchant curieusement, passionnément, les
vieux manuscrits, les antiques légendes ecclésiastiques. Le plus sûr moyen d'être son ami, c'est d'a-
voir en réserve, dans quelque coin des archives du
monastère où on l'accueille, quelque manuscrit,
cartulaire, martyrologe ou légendaire bien pou-
dreux, de l'y mener mystérieusement, et d'en dé-
rouler tout d'un coup les pages sous son œil affrian-
dé. C'est à des saints, la plupart du temps, qu'étaient
consacrés ces manuscrits : le diligent et infatigable
pélerin recueillait avidemment la substance de ces
vieux parchemins, ou, mieux encore, il les copiait
de sa main, sans vouloir s'en rapporter à personne;
et puis, maître du sujet donné, il prêchait l'histoire
du saint, et il avait en même temps amassé les matériaux d'un des chapitres du livre qu'il méditait et
recueillait avec les lenteurs de cette patience qui
voit le but et ne s'inquiète jamais du chemin.

Le but, il l'atteignit dès 1637, année où parut le
résultat de tant de travaux, de veilles et de recherches, le gros volume de la *Saintelé Chrestienne*, imprimé, comme dit le titre, par *Jean et François les
Jacquard*. Bien des années encore restaient devant
l'historien qui venait d'achever son œuvre, car il

n'avait alors que cinquante-huit ans, et il devait pousser la carrière très-loin, dans une robuste, saine et active vieillesse. Il put dès lors se consacrer plus exclusivement à son autre œuvre plus austère, qui se résume dans son titre de pénitencier, dans les devoirs de la prière, de la confession et de la prédication. Il ne renonce pas pourtant à ses chers saints : après leur avoir élevé en commun son monument de la *Sainteté*, il dresse à quelques-uns comme des chapelles particulières et moindres, soit dans l'*Ephimeris Sanctorum* (1648), soit dans des vies distinctes qu'il recueille et dont une, celle de saint Gaond, va jusqu'à Dom Martenne, qui lui accorde les honneurs de son *Thesaurus Anecdotorum*. Parmi ces saints, il en est un qui touche particulièrement, pour peu qu'il soit ouvert au patriotisme, le cœur des habitants du diocèse de Troyes : c'est saint Loup. Des Guerrois, qui a payé un premier témoignage à l'illustre évêque, dans la *Sainteté chrestienne*, constate et consacre la patriotique reconnaissance du pays par un opuscule intitulé : *Sancti Lupus et Memorius cum Attila Rege* (1643). Ce petit livre est né d'une circonstance assez singulière, dont Des Guerrois lui-même nous a transmis le souvenir. En l'année 1635, Des Guerrois se trouvait dans le monastère même de Saint-Loup, en compagnie du docteur Petit-pied, chanoine de Reims, son ancien condisciple. L'entretien tomba naturellement sur saint Loup; le docteur rémois, qui n'était pas sans érudition, soutint, en s'appuyant des raisons à sa main, que rien ne prouvait cette prétendue rencontre d'Attila et de saint Loup qu'ont racontée et peut-être inventée les âges postérieurs.

Toucher à saint Loup, c'était toucher à une religion et à un culte bien légitimes : Des Guerrois, en présence d'une telle assertion, ne pouvait se taire; lui aussi avait des autorités et des témoignages, et, suivant que l'émotion du moment le lui inspirait, il rassembla contre son adversaire ses preuves puisées dans les auteurs, dans les martyrologes, empruntées aux anciens monuments. Des Guerrois fut bien éloquent sans doute, car il fit une rare merveille : il convainquit son adversaire par la discussion, et, comme il le dit un peu mythologiquement en si grave sujet, ce Pylade embrassa son Oreste. Le petit livre sur saint Loup et Attila sortit de cette conversation, et le docteur rémois donna une preuve de la sincérité de sa conversion, en approuvant lui-même l'ouvrage *de ce savant qu'il aime,* dit-il courtoisement, et qu'il croit digne du regard des doctes.

Il faut ajouter à cette liste des ouvrages moindres de Des Guerrois le livre qu'il a intitulé : *Les Véritez de S. Avertin, prestre anglo-françois, fidelle Achates de S. Thomas de Cantorbie,* Troyes, François Jacquard, 1644; in-12. On voit par ce titre encore, où figure un peu à l'imprévu le *fidus Achates,* que Des Guerrois avait gardé fort présents les souvenirs de ces études classiques dont nous a parlé Grosley, et qui avaient précédemment trouvé leur voie dans des épigrammes, poèmes et *héroïdes.*

Des Guerrois vieillit donc en ces humbles et paisibles travaux, sans évènements qui viennent marquer les années de plus en plus nombreuses, et déjà inclinées vers la vieillesse; longtemps ses jours sont remplis par les devoirs que lui a imposés la confiance de l'évêque René de Breslay. En 1660, il devient chanoine de l'église de Troyes : c'était la retraite, laborieusement conquise, de sa vieillesse. L'auteur de la *Sainteté Chréstienne*, qui avait alors quatre-vingt-deux ans, jouit pourtant quinze ans encore de son canonicat, et remplissant fidèlement les devoirs qu'il lui imposait : les registres du chapitre font foi de son assiduité ; le greffier ou secrétaire ne manque pas, à chaque assemblée, d'enregistrer le nom de Des Guerrois parmi ceux de ses confrères. Vers la fin seulement, le vieillard presque centenaire n'est plus là ; pourtant, à l'assemblée capitulaire du 10 avril 1675, il est nommé pour la prochaine semaine *ad beneficia conferenda*, comme si on voulait lui donner un dernier témoignage à la veille de la séparation. Le 2 mai, sa prébende est donnée à M. Jean Le Febvre ; mais le greffier de cette époque est laconique et se borne à enregistrer les faits. Il se sépara définitivement du chapitre de Saint-Pierre en mai 1675, et se ménagea ainsi un repos dernier et comme une halte suprême jusqu'à sa mort, qui arriva le 22 décembre 1676.

D'une vie si laborieuse il nous reste comparativement peu de chose : beaucoup a péri, en effet, et nous le regrettons. Nous avons regret particulièrement à un recueil de sermons, manuscrit qui existait encore au commencement de ce siècle, et qu'un archéologue d'Arcis (1) nous a assuré avoir vu encore existant aux mains de M. Sainton, imprimeur à Troyes. Depuis, ce recueil a disparu, et la trace s'en est perdue. Cette perte nous est sensible sous un certain rapport : ce n'est pas l'œuvre du théologien

____

(1) M. Camut-Chardon.

que nous regrettons, ni celle de l'orateur. Des Guerrois, il faut bien l'avouer, n'avait ni l'éloquence, ni cette science élevée qui fait lumière dans l'interprétation de la parole divine; mais il a tant aimé les saints qui ont illustré son pays et les lieux où ils ont vécu, que nous aurions à coup sûr retrouvé dans ces simples sermons, prêchés en des monastères et en des villages, bien des détails d'histoire et de biographie qui ne sont nulle part ailleurs.

Ne nous plaignons pas trop, toutefois, l'œuvre principale nous reste : cette *Sainteté Chrestienne*, qui a été l'occupation principale et l'œuvre de prédilection du vieil écrivain. Etudions-le donc maintenant à loisir, nous serons payés de notre peine.

La *Sainteté Chrestienne*, c'est là un titre un peu vague et bien étendu; mais l'auteur lui-même prend la peine de l'expliquer et de le restreindre : il prétend indiquer par ces mots l'histoire *de ces grands amis de Dieu*, qui ont pris naissance ou passé leur vie, ou reçu la mort, ou qui, enfin, ont été transportés en leurs reliques dans la ville et diocèse de Troyes; et aussi l'histoire ecclésiastique, comprenant celle des antiques fondations et restaurations des églises, abbayes et monastères dudit diocèse. L'ouvrage, ainsi annoncé et défini, est précédé d'une dédicace qui n'est pas à oublier, car elle caractérise on ne peut mieux celui qui l'a faite, ce dévot esprit qui n'a eu toute sa vie qu'une pensée. Cette dédicace, une des plus singulières que nous ayons jamais vues, est adressée *A la sainte Trinité, un Dieu trois fois saint, à Jésus-Christ, le Sainct du Seigneur, à la Vierge Mère, Reine des Saints, à la B. Cour de tous les Saincts, et signamment à tous les Bienheureux Saincts naiz, dé-*

cédez ou apportés en leurs précieuses reliques en la ville et diocèse de Troyes. Il y a dans cette page un souffle de naïve et ardente dévotion, dont quelques lignes donneront une idée vraie. « Donc icy, dit-il aux Saints qui sont la matière de son livre, et en leur renvoyant leurs propres souvenirs, je vous offre un recueil de vos actions, travaux, miracles, vie et mort, tel que je l'ai pu recueillir. Tout n'y est pas, car qui pourroit sçavoir et dire toutes vos merveilles ? Vous les offrant, je désire que ce soit pour une éternelle mémoire de vostre sainteté, et que nous autres, qui sommes vos successeurs en la Foy, les lisans nous puissions estre encore en S. mœurs. Vous les rapportant, j'honore la Vierge, sacrée Mère de Dieu et Reine des Saincts, afin qu'on apprenne d'avoir recours à elle. Vous les présentant, ô Jésus, je rends hommage à vostre majesté divine et humaine, ne souhaittant autre chose sinon que tous les hommes, et signamment ceux de ce diocèse, soient ardans à vous aymer et hommager. Vous les consacrant pour jamais, ô sacrée Trinité, un Dieu éternel, je vous adore et prétends que tout le monde en fasse diligemment son devoir. »

Tout l'homme est là, zélé pour ces intérêts sacrés dont il a fait les siens, ardent à répandre par la parole le culte de ces choses divines que son âme embrasse avec amour. De ces religieuses hauteurs, le chanoine écrivain redescend vers ses lecteurs, et les accoste dans une nouvelle et plus terrestre dédicace à *Messieurs du Clergé, Noblesse et Peuple de France,* qui n'est pas la partie la moins curieuse et la moins originale de son livre. « Il n'y a, dit-il, lieu si riche en corps saints que le diocèse dans tout le royaume ;

histoire non encore vue ni lue. Il est bien vrai qu'on en avait déjà vu quelque chose, mais en un style pauvre et confus, qui faisait ressembler ces récits à des contes. Ici, au contraire, tout est vrai, tout est sincère, et la vérité a été puisée non dans le puits de Démocrite, mais dans de vieils manuscrits. » Rien de plus naïf que ce jugement sans fiel, porté sur ses prédécesseurs par l'historien de nos Saints, et que le témoignage sans orgueil qu'il se rend à lui-même, mais qu'il reporte avec humilité à ses *vieils manuscrits*.

Des Guerrois, au reste, a plus d'art qu'il n'en veut faire paraître sous sa simplicité ; car, après avoir semblé restreindre son plan et manifesté son désir longtemps caressé de se cacher sous l'anonyme, afin de mieux glorifier Dieu par son *inconnu silence*, il se décide pourtant à mettre son nom à son œuvre ; il annonce que tout le monde ici, toute la France retrouvera ses Saints, et il se met en devoir de citer à chacun ses amis les plus chers : à la Bourgogne saint Bernard, à Limoges saint Eutrope, au Berry saint Aventin, au Poitou Robert de l'Aubrussel, à la Touraine saint Arnoul, à l'Ile-de-France sainte Geneviève, à la Picardie son Geofroy (un héros dont nous parlerons plus tard), à Reims saint Romain. Il raconte en ce style naïf, dont nous parlons encore, mais dont nous n'avons plus le secret, parce que nous n'avons plus cette précieuse naïveté du cœur qui se trouvait encore en ce temps — ce temps est pourtant celui des raffinés d'esprit et d'honneur, le temps de Saint-Amand, de Théophile, de Scudéri et de Voiture, — comment il a été amené à faire ce livre et comment il l'a composé. Il s'est insinué par la prédication et le panégyrique des Saints, et c'est par là qu'il a amené les bons abbés, prieurs et archivistes des monastères, où il venait, comme un *ami bien connu et aimé*, à lui communiquer les richesses manuscrites, les trésors qu'ils avaient sous la main et qu'ils refusaient fréquemment à d'autres moins amis : ainsi s'est fait et grossi son trésor d'informations. Une date est à remarquer ici. Cette dédicace est datée de décembre 1632, et Des Guerrois nous dit que, depuis plus de vingt-cinq ans accomplis, il s'est employé à la prédication des Saints, quand leurs solennités arrivaient ; que, depuis ce temps aussi, il a commencé à faire des recueils sur ce sujet favori : cela nous reporte donc vers l'an 1606. Des Guerrois alors était encore fort jeune, et ce prompt commencement suivi d'une si longue persistance est le signe de la vraie vocation. Voilà la remarque que nous voulions faire.

Vocation unie à la foi et qui a été provoquée et décidée par elle. Notre vieil écrivain a une foi sincère et vive, dont il n'est pas permis de douter en lisant ces pages toutes d'effusion, où il laisse déborder son cœur simple. Le ton du livre, l'accent de ce style, où l'excellent chanoine a semblé un moment se complaire, provoque quelquefois un sourire, mais un sourire qui n'est pas même de la raillerie, et qui, en définitive, nous rend l'ouvrage précieux en nous faisant aimer l'auteur. C'est qu'en effet il y a chez celui-ci un ton de vraie bonté, de native bienveillance qui, à la longue, nous pénètre et nous touche pour peu que nous nous y prêtions : quand il parle de nos pères, ce sont toujours *nos bons et véritables ancêtres*. Il y a chez lui quelque chose de doux et d'attendri qui va à l'âme ; nous en voulons donner tout de suite un exemple. Il a raconté le martyre des filles de sainte Sophie, et il vient à la mort de celle-ci (1) :

« Quelque temps après, elle s'achemina au tombeau de ses saintes filles, accompagnée de beaucoup de dames romaines, qui portaient de bonnes senteurs pour embaumer les corps des Saintes en leur présence. S'étant prosternée en oraison sur les sépulcres de ses bien aimées créatures, disant avec larmes et soupirs : Mes enfants, que j'ai chéri plus que moi-mesme, recevez-moi auprès de vous. A ces mots, assoupie d'un doux sommeil, rendit en paix son âme à Dieu. O la douce mort ! ô l'heureuse fin ! Elle est morte martyre en ses filles, et non martyre en soy-mesme. Celles qui l'assistoient à ce saint office d'embaumer ces corps des vierges furent bien émerveillées de la voir morte, et, remerciant Dieu de la grâce qu'il luy avoit fait, l'ensevelirent auprès de ses filles : tant il étoit convenable que celles que le sang, l'amour, et la vie, la foy, la religion et Jésus avoient ensemble uni, le sépulchre les mit aussi dans une mesme compagnie. »

Tel est, quand il est bon, le style de notre écrivain : il n'a pas la malice et l'ironie sceptique de Grosley, il n'a pas la sécheresse de Courtalon ; il a, aux meilleurs endroits, un charme qui manque à l'un et à l'autre, et tous deux, au reste, ont à plaisir taillé dans ses pages en les rajeunissant.

En vérité, sans trop forcer les choses, et en pré-

---

(1) F. 26-27.

tant un peu, quand on lit l'écrivain de 1637, on dirait par moments d'un Amyot chrétien attardé de près d'un siècle. Des Guerrois a encore ces formes naïves et charmantes qui nous plaisent tant chez l'écrivain du xvie siècle. Nous en donnerons quelques exemples, qui nous semblent concluants, et ces citations ont tant de douceur, qu'on nous pardonnera volontiers de ne les point abréger. Il est question de Sabina, de sainte Savine.

« Son père Savinus, ayant perdu son fils Savinien, qui s'étoit retiré de la maison paternelle pour venir ès-Gaules y mieux servir Dieu en la religion chrestienne, n'osoit pas s'en plaindre amèrement ; si est-ce qu'aucunes fois il en versoit des larmes, racontant à sa fille Sabine l'obéissance, la douceur, la modestie et toutes les belles vertus de son frère, afin qu'à son exemple elle devînt ainsi vertueuse, il la traitoit avec une paternelle bénignité et licence, comme un père doit manier ceux de sa maison ; mais il l'avoit si chère et unique qu'il ne lui montroit pas un petit sujet de rigueur, voyant que son humeur et vertu étoit fort affable et douce, désirant aussi de la retenir près de soi, connaissant qu'elle aimoit d'une cordiale affection son frère absent ; car souvent elle lui en entamoit propos, et faisoit voir à son père qu'elle désiroit d'être proche de lui : cela causoit que son père en avoit un grand soin et la traitoit avec les plus grandes douceurs qui lui étoient possibles ; il lui présentoit ses richesses avec des joyaux, bagues, perles et pierres précieuses ; mais la sainte fille n'y prenoit guère de contentement ; il l'assuroit que tous ses moyens lui viendroient en sa possession comme étant son unique héritière. Enfin, il trouvoit mille inventions pour l'avoir auprès de soi, poursuivant de la conduire en la vertu morale et honnêteté civile, puisqu'elle avoit une nature aussi bonne et un esprit aussi porté au bien que son frère. »

Nous emprunterons maintenant à Des Guerrois le portrait de saint Camélien, traduit de Sidoine Apollinaire, le docte et disert évêque d'Auvergne, le peintre élégant et parfois énergique de la barbarie. On a prétendu, dit Des Guerrois, que Camélien avait été, ainsi que saint Mémier (Memorius), l'un des compagnons sur qui passa le glaive d'Attila : saint Mémier aurait péri et Camélien aurait échappé; je ne trouve pas de traces écrites de ce fait, dit notre auteur, mais, du moins, Camélien fut un des compagnons et disciples de saint Loup. Voici donc son portrait de la main de Sidoine Apollinaire (1) :

« Himerius (Camélien avait cet autre nom), votre fils, digne prélat que jusqu'à maintenant je connoissois peu de visage, mais beaucoup par sa bonne renommée, qui s'épanchoit de tous côtés, n'a pas longtemps vint de la ville de Troyes en celle de Lyon, où je le vis, plus en passant et par accident, qu'à mon aise et contentement : à la vérité, il est si saint homme, que, par la naïve imitation de ses bonnes actions et mœurs, il nous a remis en vie l'évêque saint Loup, à bon droit réputé de son temps le premier de tous les prélats des Gaules, lequel lui a été son vrai maître, non seulement de la profession sainte en laquelle il est vivant, mais encore de

____

(1) Ep. 13, septième livre.

la dignité épiscopale, en laquelle il florit. Bon Dieu !
que ce saint homme retient une grande gravité avec
de la douceur néanmoins, si par aventure il veut
délibérer ou suader aucune chose. Si quelqu'un lui
demande conseil, il est tout plein de prudence; mais
s'il le donne, ce n'est en son âme que miel et douceur; il aime grandement les bonnes lettres, et en
fait de l'état, mais particulièrement il chérit celles
qui sont saintes, et qui regardent la religion et piété
catholique, lesquelles lisant, il prend un plus grand
contentement de s'appliquer à la mouëlle intérieure
des sens qu'à l'extérieure beauté des paroles, qui
n'est que comme une écume (1). »

Ne dirait-on pas à l'accent le portrait d'un saint
François de Sales des premiers âges ?

La primitive douceur de ces Saints en perpétuelle
et familière communication avec la nature et avec
les plus simples créatures est bien rendue dans ce
passage (2), où nous voyons saint Aventin en la
compagnie des petits oiseaux :

« Toutes et quantes fois qu'il étendoit sa main par
la fenêtre à des petits oiseaux, tenant en sa paume
quelques morceaux de pain rompus par le menu, ces
petites créatures divinement apprivoisées se bran-
choient dessus et prenoient leur manger sans crainte,
duquel rassassiées, s'en retournoient à leur première
liberté volant par les airs. »

Qu'on veuille bien secouer un instant l'orgueil

---

(1) F° 96 recto.
(2) F° 100 verso.

du dix-neuvième siècle, pour se refaire un esprit humble comme en des âges plus naïfs de foi et de jeunesse, qu'on veuille pour un peu de temps, sans trop sourire, accepter les miracles que nous conte avec tant de bonne foi notre vieil auteur, et on trouvera plaisir sans doute à lire ses merveilleux récits. Il retrace les derniers moments de sainte Maure (1) :

« Tous ils étoient en grand silence ; Sédulie, sa bonne mère, attendoit à chaque moment l'heure de son trépas : sur ce profond silence, voici qu'il est interrompu par une voix bien articulée qui lui prononça : *Venez, ma bien aimée,* en laquelle son céleste Epoux l'appeloit intelligiblement, qui jà l'avoit appelée à soi spirituellement. Un peu après, à l'ouye de tout le monde là présent, fut entendue une si douce musique venue du ciel, que les oreilles et les cœurs des assistants en étoient ravis : on chercha par grande curiosité s'il n'y avoit personne dedans le logis ou dehors qui fist cette musique, mais facilement on reconnut par le son et de plus par un odeur très-doux qui flairoit que cela ne pouvoit provenir d'autre part que du ciel, cela étant un témoignage assuré que Jésus qui monta dans le ciel au jour de son admirable Ascension, venoit quérir Maure, son épouse bien-aimée, pour y aller et y reposer en félicité et jubilation. »

Voici maintenant plus que de l'Amyot, ou du moins, si c'est de l'Amyot encore, ce ne serait plus

---

(1) Fo 226-27.

l'Amyot de Plutarque, mais celui de Longus. Des Guerrois fait le portrait de sainte Asceline, noble fille, parente de Geoffroy, évêque de Langres, et de saint Bernard; et en regard de ce portrait, il place celui d'un trop audacieux ennemi de la sainte (1) :

« Elle étoit bien jeune, douce et simple, lui plus âgé, vilain et malicieux, vrai tison de l'enfer et suppôt du diable; elle étoit de regard très-belle et innocente, bien que fort mortifiée, lui poupin, malin et comme un jeune poulain bondissant dans sa peau et non pas encore dompté du mord et de l'éperon : elle vivoit comme une ouaille très-humble, lui bouffi d'orgueil pour ce qu'il avoit quelques perfections, comme de sçavoir bien écrire, chanter la note, et faire d'autres propriétés; il jeta les regards de sa convoitise vilaine sur la vierge sainte qui étoit riche de taille et ne pensoit pas au mal pour sa sincère simplicité : il hantoit fort à la maison, y étant le bien venu pour ses perfections, et pour ce qu'on le jugeoit meilleur qu'il n'estoit : oh! qu'il faut bien de la prudence pour se donner de garde de ces loups couverts de la peau de brebis! Ce muguet prenant le titre de clerc, après avoir rôdé de tous côtés pour surprendre et se gorger de cette simple brebiette, si elle s'esgaroit, fit tant allant et venant, que, pour l'envenimer à son aise, il eut pouvoirs de parler à elle, et après plusieurs doux complimens lui dit :...» Nous ne suivrons pas plus loin le jeune *muguet* du XIIᵉ siècle dans ses entreprises peu platoniques. Des Guerrois raconte ces choses en toute naïveté; qu'il

---

(1) Fº 319 recto.

nous suffise de dire que parmi les moyens de séduction qu'il prête au jeune homme, figurent des *son-
nets* pour ses louanges, qu'il envoie à la jeune sainte.
Peines perdues, on le pense bien, près d'Asceline,
protégée par le voisinage de sa mère et par ses grâces
intérieures. Cette vie en commun d'Asceline avec sa
mère, dans une maison qui est déjà un *petit monastère*, et sur laquelle plane de loin l'ombre des vertus
de saint Bernard, est peinte avec charme : nous
voyons ces femmes réglant leurs heures, priant sept
fois le jour, sous la direction d'un saint prêtre qui
vivait en retraite dans les bois (non loin du lieu où
sera le monastère de Boullancour), et qui leur apprend « la manière de jeûner et vivre sobrement,
souffrir, être humbles, douces, et se tenir closes dans
leurs petites celles : c'est là le fondement du monastère qui fut nommé autrefois le lieu des Dames-lès-
Boullancour. »

Cette retraite sous les ombres du bois, où ne par-
viennent point les bruits du monde, où l'on prie, où
l'on jeûne, non loin de saint Bernard et sous la protection plus immédiate d'un saint prêtre, nous donne
assez bien idée de ces asiles où des âmes pures et
religieuses se tenaient abritées sous la grâce divine,
dans le silence et la solitude.

Le style de Des Guerrois, que nous avons vu jusqu'ici naïf et, à l'aventure, empreint de quelques
grâces un peu surannées, s'élève quelquefois à de
nobles accents que soutient le sentiment religieux.
Ainsi, dans la touchante histoire de sainte Maure et
de ses neuf enfants, qui vont à Tours demander le
baptême à saint Martin, et qui, au retour dans leur

province de Gothie (1), subissent le martyre que leur inflige le prince Aurupin. Notons avec soin ces grandes influences de la sainteté aux confins de l'antiquité et jusque dans le moyen-âge : le nom des Saints va au loin éveiller dans des âmes le désir de Dieu et du baptême; là où le rayon est tombé, on ne sait plus de considérations mondaines et de faiblesses : on s'achemine vers saint Martin, ou vers saint Remi, et l'on revient pour confesser le Dieu que l'on a conquis et subir le martyre. Sainte Maure est donc en présence de l'évêque de Tours, et recueille ses paroles. Recueillons-les, à notre tour, ces nobles paroles qui ont conservé leur accent (2) :

« Bénissons à jamais la bonté de Dieu et les grâces du Saint-Esprit, qui vous a donné ces mouvements si salutaires; car ces bonnes volontés viennent du ciel, et non pas de la nature. C'est un changement de la main du Tout-Puissant, qui désire de sauver tous les hommes, et qu'ils ne soient pas perdus dans la damnation éternelle : sa bonté ne rejette aucun, mais en général les reçoit en sa grâce, tant énormes pécheurs soient-ils, et tâche d'attirer à soi ceux-là même qui font les *rétifs* ou qui négligent leur salut. Oh! que ce Roi des Anges a voulu de bien aux hommes, lorsqu'abaissant sa majesté incompréhensible, il est descendu des cieux en la terre pour se couvrir de notre pauvreté et se faire le Sauveur des

---

(1) Des Guerrois nous explique dans une note manuscrite, d'après d'anciennes autorités, que la Gothie est du Languedoc cette partie où est Narbonne et qui a été nommée *Gallia Gothica*.

(2) F° 68 recto et verso.

hommes; il a conversé parmi nous dans la substance
de notre chair, lui qui est toujours avec son Père
Éternel dans l'essence de sa divinité; on l'a vu, on
l'a touché, on l'a embrassé; mais il a voulu pour
nous recevoir et endurer ce que nous n'avions que
trop démérité, jusqu'au servile supplice de la croix
où il est mort, et mort pour nous. Quand il con-
versoit avec les hommes, il ne péchoit pas comme
eux; mais contre leurs offenses il les instruisoit, de
paroles et d'exemples, par quels moyens ils rentre-
roient au Paradis céleste. »

A l'exception d'un ou deux mots qu'on voudrait
retrancher, ce passage a sa beauté; un rayon de
l'Evangile l'éclaire et l'anime.

Le livre de Des Guerrois, qui nous montre presque
à chaque page des fidèles ou des païens encore, bientôt touchés, écoutant au dedans d'eux des voix intérieures, et recevant l'impulsion, allant au Saint qui
les instruira, puis revenant près de l'empereur romain, du chef de légion, du prince barbare qui leur
donnera la couronne du martyre, ce livre a un sens
qu'il est bon de dégager : il signifie l'obéissance absolue du chrétien à la voix intérieure que Dieu lui
fait entendre et qu'il n'a pas le droit d'interpréter.
Maxime des âges primitifs, des religions commen-
çantes, qui ne permettent pas le doute, l'hésitation,
qui vivent d'œuvres, de prière et d'action.

Notre vieil écrivain n'a entendu ni la voix de Lu-
ther, ni celle des douteurs et des narquois de son
temps, des Gabriel Naudé, des Lamothe-le-Vayer,
déjà à l'œuvre, il est un primitif qui croit comme
les primitifs, prie comme eux et fait comme eux le
signe de la croix. Lui, si simple, qu'on dirait par-

fois un enfant ou un vieillard crédule, il s'élève porté par le souffle chrétien, et trouve des choses où il y a de l'éloquence. Ainsi, dans le martyre d'un Saint cher à la foi de nos contrées, saint Savinien, Aurélien lui a infligé déjà les premiers tourments et l'a menacé de lui infliger de plus cruels encore. L'auteur continue (1) :

« A quoi le saint Martyr : Plus que la terre est cultivée, aussi est-elle fertile. Bien donc, sois un bon laboureur pour la sillonner en tes tourments, et moi plus patient pour l'endurer, afin d'en rendre mes fruits. Si tu épures mon corps d'afflictions, moins il aura de souillure. »

Les annales de la sainteté chrétienne sont en même temps celles des bienfaits et des patriotiques services du Christianisme. Saint Loup, saint Mémier (ou Memorius), sainte Geneviève, se succèdent dans cette histoire et y impriment en caractères ineffaçables le souvenir des bons offices du Christianisme, qui sait à son heure et au besoin sortir des sphères de l'étude théologique et de la prédication, pour entrer résolument et utilement dans les affaires de l'humanité. Entrons-y donc un peu, dans cette histoire où le Père Des Guerrois s'offre à nous guider; entrons-y dans cette histoire si grande et si intéressante, à chaque page de laquelle est écrit pour qui sait lire : *Nostra res agitur.*

Le livre de Des Guerrois est intitulé : *De la Sainteté Chrestienne.* Et, en effet, il se compose d'une succession d'histoires de Saints plus ou moins ressem-

---

(1) F° 37 recto et verso.

blantes, qui finissent par faire un peu confusion dans l'esprit. Cependant, pour qui y regarde de près, quelque chose est encore dans ce livre : les fonds de tableau laissent apercevoir une lointaine image de notre France traversée par les Barbares, par les Normands, par les guerres civiles, par les Anglais, hérissée de châteaux-forts et de barrières contre des brigandages partout présents. Les Francs, Attila, les rois d'Austrasie, envahisseurs et pillards, les hommes de Rollon et d'Hasting apparaissent dans le lointain et nous remettent par la réflexion dans cette histoire, dont Grégoire de Tours a été l'Homère barbare, dont M. Augustin Thierry a été de nos jours l'Homère éloquent et artiste. C'est là l'intérêt sérieux de cette histoire, qui pour l'œil du vulgaire n'est qu'un narré des vies des Saints avec force répétitions.

Notre historien nous fait remonter loin, mais seulement jusqu'aux origines de son sujet, c'est-à-dire jusqu'aux premiers apôtres du Christianisme dans le diocèse : saint Potentien, saint Savinien et saint Altin. Dès l'an 46, saint Pierre envoie en Gaule, parmi nous, ces fondateurs du Christianisme, qui tenaient du Sauveur même la première et céleste tradition; car ils avaient été de ses soixante-douze disciples, et la Champagne ne méritait pas moins, « *ce bon, noble et fertile pays de la France.* » Disciples du Fils de Dieu, associés de saint Pierre, par lui nommés évêques et, de plus, *munis de bonnes patentes,* ils arrivent, ces combattants sacrés, et commencent leur œuvre de civilisation et de divine conquête : la foi est dans leurs cœurs, le zèle est dans leurs œuvres, et le succès les attend, que bénira l'humanité transformée.

Les futurs apôtres arrivent à Sens et se distribuent les provinces environnantes : saint Savinien, qui paraît avoir eu en main la direction, demeure à Sens et achemine saint Potentien avec un autre de leurs compagnons nommé Serotin, vers Troyes; saint Altin et saint Eodal vont à Orléans arborer la Croix et prêcher l'Evangile. Saint Potentien et son second viennent donc s'établir à Troyes, dans la ville même, qui était bien petite alors, car elle se renfermait dans les limites d'une « cité enclose de deux bras de Seine, l'un passant par derrière le Palais maintenant, l'autre au canal nommé du Pont-Ferré, proche les murs de la ville, qui lors étaient en ce lieu. » Les deux Saints, pauvres, et qui n'avaient guère encore d'appui humain, fondent une humble chapelle qui porta le titre de Chapelle-du-Sauveur, située où depuis s'est élevée une portion de l'église de Saint-Pierre, et qui a été le berceau du Christianisme parmi nous : recueillons-en avec respect le vestige effacé et lointain. L'œuvre apostolique de Potentien fut difficile, au reste; ces populations, rudes encore et tout imprégnées de paganisme, ne reçurent qu'avec peine l'ébranlement chrétien; une fois cependant qu'il leur eut été communiqué, elles obéirent au souffle et se montrèrent dociles. En ce temps-là même, à Orléans, Chartres et Paris, saint Eodal et saint Altin souffraient et couraient péril de la vie; beaucoup de chrétiens périssaient; ici, au contraire, le Christianisme s'introduit sans effusion de sang. Mais Montanus, gouverneur pour l'Empire Romain, informé de ces conquêtes, conçoit des soupçons, il s'irrite et mande les apôtres chrétiens; Des Guerrois nous donne *in extenso* l'allocution que le gouverneur prononça en cette occasion, et où la fureur lui fait un peu oublier le sens des mots, car il accuse les chrétiens de faire *quelques monopoles* contre l'état des empereurs.

Potentien échappe pourtant à cet orage; mais, forcé de délaisser son troupeau naissant, il va à Sens, rejoindre son chef et primat Savinien, et reprendre avec lui ses travaux; saint Savinien subit le martyre, et, un an après, Potentien reçoit la glorieuse couronne. Triompher des esprits n'était pas une œuvre moins difficile que de triompher des bourreaux et des glaives; Des Guerrois le sait bien, et l'observation qu'il fait à ce propos est de bonne guerre (1) :

« Saint Savinien (notre historien le qualifie *gentil-homme françois*) fut amené à la Foi, mais avec combien de malaise! Il n'y a rien de si difficile à vaincre qu'un esprit françois, qui de soi est vif et de bonne mise, pour ce que contre ce qu'on lui propose, il oppose mille raisons par controverses, tellement qu'avec de bonnes paroles, il faut des miracles pour le convertir à Dieu. »

Voilà une remarque qui a son prix et qui est bien exprimée. Le style de notre vieil auteur a en effet, à certains moments, quand la pensée le soutient, c'est rare, j'en conviens, je ne sais quoi d'allègre et de vif, comme la Foi elle-même, qui lui inspire ces paroles de la charité et de l'amour : « Dieu les appelle, dit-il en parlant de nos Saints, ils y courent, ils y volent (2). » Des Guerrois a prononcé tout-à-l'heure le mot de miracles; il nous a en ce moment

---

(1) F° 5 verso.

(2) F° 6 recto.

trahi son faible; il croit à tous les miracles, il les
aime, il les accueille et il en va chercher les preuves
jusque dans Naugerius (1); une colombe ne manque
jamais d'apparaître et de voler trois fois en rond
pour indiquer la place de la construction, toutes les
fois qu'il y a un monastère à bâtir. Mais, s'il est
crédule, il ne l'est pas comme tout le monde : il
croit là où nous douterions souvent; mais il ne
croit, au moins pour l'ordinaire, que sur la foi de
bons manuscrits, de bonnes légendes bien antiques;
il lui faut des actes; quand il a des actes, sa foi et
sa conscience sont à l'abri, et il enregistre sans scru-
pule les faits les plus miraculeux. Si vous faites un
reproche à sa crédulité, il le renverra à ces *Acta
veterum*, dont, pour rien au monde, il ne s'écarte-
rait.

Ne cherchons pas de miracles; le plus grand, le
plus beau, celui qu'on ne contestera pas, c'est la
conquête accomplie par quelques hommes, d'un
grand pays imbu de ses croyances, de ses traditions, dominé par ses coutumes et ses idées païen-
nes, gouverné et *protégé* par ses maîtres romains,
ayant dans son sein même encore ces légions qui
obéissent à Jupiter et qui ne veulent pas d'autre
culte, pas d'autre obéissance, entraîné un jour vers
Dieu par ces apôtres pacifiques qui n'ont que leur
parole et souvent le martyre à proposer comme
moyen de séduction. C'est un beau spectacle à voir
que ces fondateurs d'église allant où la Foi les appelle, où les ténèbres sont encore, et ne s'arrêtant

----

(1) F° 336 verso.

que le temps nécessaire pour conquérir les âmes à
Dieu ; puis, ceignant leurs reins et repartant pour
porter ailleurs leur tente et leurs enseignements, ces
semeurs de parole, comme les Athéniens appelaient
dédaigneusement saint Paul, ces admirables messa-
gers et pionniers du Christianisme, qui vont sans
prendre de repos, défrichant et conquérant, non
pour eux, mais pour Jésus-Christ, mais pour Dieu,
foulant un sol *doré du sang des martyrs et ennobli des
chrétiens qui restaient.*

Orléans, Chartres, Paris les recueillent ou les re-
poussent tour à tour; et nous avons à constater sans
cesse leurs triomphes d'aujourd'hui, puis la persé-
cution qui les menace demain.

Les Barbares cependant ne sont pas encore ve-
nus; les apôtres chrétiens n'ont devant eux à cette
heure que les magistrats romains, les tribuns et les
légions de Rome; ils sont à la porte, ces Barbares,
ils viendront bientôt, et déjà ils pressent l'Empire,
qui les redoute et les attend comme un malheur iné-
vitable. Bientôt ils auront franchi les limites réputées
inexpugnables et sacrées, et ils seront au cœur de
cet Empire qui va reperdre le monde par royaumes,
après l'avoir gagné à grandes journées. Des Guerrois alors en prendra occasion de mettre en contraste
les âmes romaines en décadence, dont la civilisation
épuisée ne connaît plus que les bourreaux, et la
douceur naïve de ces Barbares, qui ont des visages
terribles et des âmes ouvertes aux influences d'alen-
tour, des esprits dont triomphent facilement les paroles chrétiennes promptes à faire courber ces têtes
au dur regard, aux cheveux hérissés. Mais, si l'esprit
des Barbares se laisse faire, la destruction matérielle

aussi a son heure, et leur première fureur est aveugle et impitoyable. Nous aurons dans l'historien un aperçu des tristesses de ce monde romain finissant. Le Christianisme a des jours terribles à passer, d'une part entre les empereurs persécuteurs, ennemis de l'intelligence et de l'esprit, et les Barbares de l'autre côté, qui enveloppent toutes choses dans une destruction qui ne sait ni distinction ni clémence. Mais les empereurs persécuteront jusqu'au bout, et les Barbares, bientôt saisis par le Christianisme, deviendront son instrument et la matière même de ses conquêtes. Au temps des premiers apostolats, qui apportent parmi nous la religion du Christ, les empereurs ont encore le champ libre, et ils en usent largement, au nom du vieux monde résistant contre les représentants de l'esprit nouveau, de la vie nouvelle que le Christianisme infuse dans les nations régénérées. Le sang des martyrs coule souvent, mais il est fécond : à la place où ils sont tombés, des églises s'élèvent, et l'essaim des fidèles y vient recueillir comme un miel précieux la foi que les Saints ont répandue autour d'eux.

Ainsi se déroulent, à travers le sang et les ruines, les temples tombants et les églises relevées, les pages de cette histoire attachante par le fond. Mais il serait trop long d'en suivre les détails; elle se résume tout entière dans un mot simple et sublime : *Semen est sanguis Christianorum*. Semence de progrès, semence de civilisation, de grandes pensées et de grandes actions, semence féconde, semence inépuisable en bons germes et en bons grains.

Après les premiers apôtres, les renseignements manquent bientôt pour ce qui concerne notre pays;

la tradition cependant se noue et se suit; bien des soldats obscurs de l'Église vraiment militante de ces époques tourmentées ont donné leur repos, leur fortune et leur vie; l'historien, pendant un long espace de temps (de la fin du 1er siècle jusque vers l'an 275), ne peut pas nous dire le nom de ces martyrisés et de ces saints : et il a là-dessus une parole qui est belle (1) : « Ce divin troupeau grossissant petit à petit par la favorable bénédiction du Ciel et la diligente instruction de ceux qui y présidoient, desquels les noms nous sont inconnus, mais réservés pour nous être découverts et publiés aux annales du Ciel, nous ne pouvons pas dire ceux qui succédèrent à saint Potentien et qui vécurent alors dignement pour avoir part à la société des Saints. »

Ainsi, jusque vers la dernière partie du IIIe siècle, l'historien ne trouve rien dans ses *vieils manuscrits* sur la sainteté chrétienne, et il en demande la raison : serait-ce que les chrétiens intimidés ont, pendant cet espace de temps, cédé devant les bourreaux, et qu'ils se sont cachés devant les glaives des soldats et les bêtes de l'amphithéâtre ? — Non ; leurs cœurs étaient trop affermis; c'est plutôt qu'ils se portaient aux bonnes œuvres de préférence aux beaux écrits : *Cupimus verba in opera vertere, et non dicere sancta, sed facere,* suivant la belle parole de saint Jérôme.

Nous pouvons nous en rapporter à Des Guerrois. S'il n'a pu combler cette lacune de cent soixante-quinze années, s'il n'a pu recueillir de faits impor-

---

(1) F^o 11 recto.

tants qui se rapportent à cette époque, ce n'est pas faute de diligence et de recherches ; mais les histoires sont muettes, mais les vieux manuscrits sont absents. Tout ce qui peut se lire ou se feuilleter, il l'a vu, il l'a parcouru, depuis le Martyrologe Romain, ceux de Ramerupt et du Mont-Cassin, depuis les Cartulaires de Monstier-en-Der, Boullancour et Sézanne, depuis les actes du martyre de saint Potentien, jusqu'à Pithou (livre des Comtes de Champagne), Æneas Sylvius, Froissart et Villehardouin.

Dans cette absence de Saints qui nous soient propres, l'historien se rejette un peu en dehors : nous l'avons dit, en effet, ce n'est pas chez lui qu'il faut chercher l'application d'une méthode rigoureuse. Les Saints du diocèse forment son sujet principal; mais pour figurer à côté d'eux, il suffit d'avoir ses reliques dans cette circonscription. Voilà comment saint Eutrope, l'apôtre de la Saintonge, et quelques autres encore, ont pu arriver à propos pour combler en partie la lacune qui s'étend de l'an 100 à l'an 275. Cette histoire de saint Eutrope est belle, au reste, et valait bien d'être ici introduite. Des Guerrois peint bien le désir de Jésus-Christ qu'avait ce Saint né dans les grandeurs terrestres, fils, assuret-on, d'un roi des Perses, et qui porte dans son âme le Sauveur inconnu, bientôt après entrevu sous l'éclair des miracles et la lumière des prédications, mettant dès lors son bonheur à le revoir, chrétien déjà dans son âme : citons quelques lignes, parce qu'elles ne sont pas l'histoire d'un seul, mais bien plutôt le témoignage des âmes tendres et entraînées, à cette époque magnifique du Christianisme naissant, quand bien des cœurs aspiraient dans le vide des doctrines antérieures, à la doctrine du salut et de la vie (1) :

« Les merveilles du fils de Dieu Jésus-Christ vinrent à sa connaissance : Voyez-vous que Dieu donne à tous des grâces suffisantes pour leur salut? Voyez-vous que le Ciel est toujours favorable aux esprits bien nés qui désirent le bien? Les vilanies, cruautés et débauches d'Hérode et de sa cour font douleur et amertume au cœur d'Eutrope, et les miracles de Jésus-Christ au contraire le ravissent. Il l'alla ouïr et entendre ses prédications avec une bonne volonté et meilleure disposition, desquelles touché en son âme, bien qu'il fût idolâtre, il commença de l'aimer et révérer, si que jamais il n'étoit rassasié de le voir et ouïr. Il en prit connaissance si douce, que déjà en son âme il respiroit Jésus-Christ. Les paroles suaves et parfaites que prononçoit le Fils de Dieu, Eutrope les voyoit soudain confirmées par des œuvres qui étant au dessus du cours ordinaire de nature, ne pouvoient sortir que de la main puissante d'un Dieu. Les lettres Chaldaïques et Juives lui dictoient que c'étoit le Messie promis; les Grecques lui donnoient à entendre que jamais il n'y eut de tel philosophe...»

Eutrope, cependant, est sous la direction d'un conseiller, d'un gouverneur, et il est entraîné ailleurs; mais le désir du Dieu qui s'est révélé à lui germe plus à fond dans son âme, en se mêlant de regret et de tendresse : *Non intratur in veritatem nisi per charitatem,* a dit saint Augustin en une admirable parole; c'est l'amour qui prépare l'intelligence de la vérité.

----

(1) F° 12 verso.

« Or, du depuis qu'il fut en Perse, il entendit que Jésus avoit souffert la mort en croix, d'où il fut saisi d'une douleur si extrême, qu'on ne pouvoit rien trouver pour lui donner consolation : il fut besoin d'autres meilleures nouvelles, qui furent celles de la glorieuse résurrection de ce même Sauveur ; elles lui furent aussitôt rapportées, et voilà qu'il reçoit soudain ses soulas et contentements : la mort de Jésus-Christ le faisoit presque mourir de tristesse ; la vie nouvelle de ce même Sauveur le fit soudain reprendre la vie en liesse. La main de Dieu blesse et guérit, sa puissance abaisse et élève, et un seul Jésus-Christ donne la vie et la mort à ses aimés, et remplit leurs âmes de douleur et de douceur..... Que pouvoit être en une si grande charité qu'une foi vivante ? » ajoute notre auteur, commentant la belle parole de saint Augustin.

Des Guerrois n'est pourtant pas réduit, pour le iie et le iiie siècle, à ne faire que des excursions hors du diocèse : sainte Mastie, l'honneur antique de ces annales, a vécu sous Trajan, vers l'an 100. Elle est qualifiée, par le plus ancien écrivain qui ait parlé d'elle, *Fille Royale (Virgo Regia)*, ce que notre auteur interprète fille de ces proconsuls ou gouverneurs usant de puissance absolue comme la puissance royale elle-même, au nom des empereurs romains. L'histoire de la Sainte est bien obscure, ou plutôt on ne sait rien d'elle : c'est par ses miracles qu'elle est, comme nous dit l'auteur de la *Sainteté*, « incomparable. » Son corps fut découvert, en 974, par Milon, quarante-sixième évêque de Troyes, qui « l'éleva en honneur et vue des pieux catholiques. » Au sept de mai, depuis cette époque, se célébrait la fête de la Sainte, et la croyance vive, longtemps indestructible, des fidèles, venait demander à ses restes vénérés la santé et des miracles, qu'elle ne leur refusait jamais. L'historien nous donne à cet égard des détails qui ont leur prix pour la connaissance des mœurs de ces temps et de l'esprit humain même, qui veut se rattacher avec espérance à quelque secours suprême, là où les secours humains ont failli (1) :

« Sa fête se célèbre solemnellement en l'église et diocèse de Troyes, le peuple y chômant des œuvres manuelles. Il arrive, dès la vigile de ce saint jour, si grande affluence de monde, tant des citoyens de la ville que de ceux qui sont de notre Champagne, et même des autres lieux éloignés, par une dévotion extraordinaire, que, dès les premières vêpres de cette solennité, ils prennent place en l'église de saint Pierre, en la chapelle du Sauveur, aux circonvoisines et même dans le chœur, pour y passer tout le reste du jour et de la nuit suivante en jeûnes, veilles et oraisons, invoquant les mérites et intercessions de la Sainte; où il y a tant de malades divers, assistés de leurs parents, qu'on ne peut s'y tourner, lesquels infirmes le plus souvent, par l'ardente foi qu'ils ont en leurs prières et clameurs dévotieux, reçoivent santé qu'ils n'ont pu avoir ni trouver dans les récipés des médecins, ni ès-boutiques des apothicaires, ni ès-opérations manuelles des chirurgiens, lesquels gens doctes et industrieux, après y avoir employé tout ce qu'ils ont pu, recon-

____

(1) F° 21 verso.

noissent dans les procès-verbaux instrumentés sur telles guérisons, et protestent que ces maladies étoient incurables, ou ne se pouvoient guérir que très-difficilement et à longues années, lesquelles en un moment et en une nuit sont guéries par l'intercession de sainte Mastie. » Ainsi il ne s'agit pas là d'une simple superstition populaire, la science elle-même s'y associe. Et il ne faut pas à de telles croyances opposer des obstacles ou des contrariétés, l'autorité religieuse elle-même n'y réussirait pas : « Il est vrai qu'on s'est efforcé plusieurs fois d'interdire et ôter ces veilles pour quelques justes raisons : le chapitre de l'église cathédrale, dès l'an 1522, avec l'autorité de M° Guillaume Parvi, évêque de Troyes, s'étudia de les empêcher, et fut ordonné qu'elles ne se feroient plus; néanmoins, toujours le peuple les a célébrées avec sa dévotion ordinaire. »

A l'an 275 reprennent des notions historiques plus certaines. Saint Parres subit le martyre à deux pas de Troyes, sur les bords de la Seine; sa maison était au lieu où a été depuis le monastère de Foicy, et c'est non loin de là qu'il mourut. Remarquons ici l'exactitude de Des Guerrois. Que des écrivains antérieurs, Surius, par exemple, celui qui a fourni au grand Corneille la donnée de *Polyeucte*, racontent un martyre, qu'ils en rapportent le détail et les circonstances, Des Guerrois ne se le tient pas pour dit; il va, comme il le dit, *à nos anciens manuscrits véritables*, et il veut ajouter à l'autorité imprimée, leur autorité plus irréfragable encore. Il le fait pour tous, il le fait surtout et avec ardeur pour les Saints nés parmi nous, morts parmi nous. Pour raconter le martyre de nos compatriotes, saint Parres, sainte

Jule, saint Vénérand, il redouble les attendrissements de son langage.

Saint Parres, saint Savinien (un autre que le premier fondateur), sainte Jule, tombent sous la fureur romaine, ils meurent sous le glaive de l'empereur Aurélien. Mais la fureur romaine s'épuise avec la vie même de l'Empire. Nous sommes à la fin du III⁰ siècle; dans un siècle, les Barbares seront dans l'Empire Romain, et les maîtres. Le droit de faire des martyrs aura passé de ces Romains dégénérés aux Goths et aux Vandales. Les Goths sont arrivés déjà qui massacreront tous les fils de sainte Maure comme d'autres Machabées; les Vandales vont débarquer, qui mettront à mort saint Bausange (ou Balsême), et l'historien nous fera entrevoir les Gaules ravagées et couvertes de sang chrétien par ces plus barbares entre les barbares.

A propos de cette histoire de saint Bausange, qu'il nous soit permis de faire une remarque qui aussi bien jettera une variété bien nécessaire dans la monotonie de ces scènes de meurtre et de carnage, de ces temps de destruction. Le théâtre de ce nouveau martyre est à Arcis, la patrie de l'auteur. Il ne s'arrête point pour nous faire remarquer cette circonstance ; pas une parole qui trahisse les sentiments de son âme. Peu semblable à des écrivains nés en d'autres temps, l'historien est modeste et ne croit pas que sa naissance en tel ou tel lieu soit un événement dont il faille transmettre le souvenir dans ses pages; l'historien des grandeurs humaines pourra bien de leur commerce avec elles rapporter plus de superbe que de modestie; l'historien des vertus et des saintetés rapportera de cet entretien plus d'humilité. Des Guerrois se tait donc ; cependant il ne peut se séparer de cette ville sans lui jeter un regard plus tendre qu'à d'autres lieux qu'il a parcourus : ce sera son seul aveu. Nous nous douterions, si nous ne le savions d'ailleurs, qu'Arcis-sur-Aube est son pays, à le voir en dessiner complaisamment les lignes. Voir le folio 78, où il nous montre « ce bourg sur le passage et chemin royal de Troyes à Châlons et Reims, assis sur le fleuve d'Aube, sur un petit tertre et en descente à cette rivière ; riche en bons bleds, fruits et prairie. » Il n'oublie pas de nous décrire l'état ecclésiastique et spirituel de ce pays, et il a soin de nous mettre au courant de son ancienneté, en nous donnant, pour ainsi dire, ses titres de noblesse, c'est-à-dire son inscription sur les *Cartes de Ptolémée* et dans l'*Itinéraire d'Antonin*. Il a au reste fidèlement décrit la situation de ce pays qu'il lui était bien permis d'aimer d'un amour un peu partial.

Le Christianisme est maintenant fondé, il a la virilité et la force ; nous ne le suivrons pas plus longtemps avec détail dans les pages de notre historien. Bornons-nous maintenant à quelques remarques générales, que nous entremêlerons, quand il le faudra, de quelques faits plus particuliers empruntés au vieil écrivain, et sans nous astreindre rigoureusement à la suite des temps.

La vertu, il faut le dire, a plus de représentants que la science dans le livre de Des Guerrois. Il recueille plutôt ce qui a rapport à la sainteté de l'âme qu'à la science de l'esprit : beaucoup de martyrs figurent dans son livre, peu de docteurs. Il en est cependant, comme saint Prudence (1), qui a laissé des vers élégiaques et qui écrivit contre Jean Scot, imbu des erreurs d'Origène, un livre, dont Nicolas Camusat a publié la préface. Saint Prudence, trente-septième évêque de Troyes, estimé de Hincmar, archevêque de Reims, en commerce de lettres avec ce prélat, et ami du savant abbé Loup de Ferrières, figura avec science et avec sagesse dans plus d'un concile provincial. Les rois même avaient confiance dans l'esprit et dans le caractère de cet évêque, et nous le voyons recevoir de Charles-le-Chauve, conjointement avec l'abbé de Ferrières (2), la mission d'inspecter, comme nous dirions aujourd'hui, les monastères dans toute l'étendue du royaume, à l'effet de constater l'état de la discipline qui s'altérait. Ailleurs encore, nous rencontrerons Pierre de Provins, savant en droit canon. Mais il reste vrai de dire que l'écrivain s'attache de préférence, suivant le titre de son ouvrage, à réunir les témoignages de la sainteté des âmes, et aussi à recueillir le souvenir des traditions religieuses perpétuées par des fêtes qu'il rattache à leur date annuelle. Soin pieux et dont il faut le louer; car beaucoup de ces fêtes sont aujourd'hui tombées en désuétude, seul souvenir cependant et seule trace d'existences saintes et de religieuses pensées, de pieuses pratiques consacrées à rappeler des vies chères en leur temps à la civilisation, au progrès, dont nous nous croyons trop facilement les uniques représentants.

----

(1) F° 220.

(2) Loup de Ferrières, Epit. LXIII.

Des Guerrois est par dessus tout affectionné aux antiques souvenirs locaux (1). Il déplore amèrement, et en maint endroit, les lacunes forcées qui viennent arrêter la plume de l'historien : il regrette de toute son âme soit la négligence qui a omis de nous transmettre ces portions d'annales, soit les accidents qui les ont fait périr et qu'ont multipliés, en des siècles déplorables, les incursions des Normands. Il recueille du moins avec soin tout ce qui se peut retrouver de ces antiques vestiges, ramenant vers chaque lieu la mémoire des faits qui s'y sont accomplis. Appelé tour à tour par la mission qu'il s'est donnée sur bien des points du diocèse, et particulièrement des environs de la ville de Troyes, il y recherche les débris de monastères qui jadis y étaient élevés, il les fait revivre en souvenir et par la description de ces reliques monumentales, non moins respectables que les reliques de la personne humaine. Nous retrouvons dans l'écrivain qui s'est consacré à ces recherches l'origine et aussi les ruines

---

(1) Nous retrouvons dans l'exemplaire de la *Sainteté Chrestienne* qui lui a appartenu, maintenant la propriété de M. Harmand, bibliothécaire de la ville de Troyes, qui a bien voulu me le communiquer, une foule de petites notes où l'auteur recueille soigneusement les faits les plus minutieux dont il a retrouvé trace : un four banal a son histoire notée sur un petit bout de papier. Les actes seigneuriaux et ecclésiastiques sont relatés sur des feuilles plus durables jointes à l'exemplaire soigneusement interfolié. Des Guerrois a le culte du passé, et ces notes sont fort significatives ; l'écrivain collectionneur recueille tout ce qui est de ces vieux siècles, avec ou sans rapport avec la *Sainteté*, c'est-à-dire les Saints qui l'ont primitivement sollicité.

de nos monastères de la ville et des environs, de Notre-Dame et de Saint-Quentin, de Moustier-la-Celle, de Saint-Loup et de tant d'autres *pépinières de personnes saintes*, pour parler avec le langage de notre chroniqueur. Pour peu qu'on soit versé dans la connaissance de l'histoire et de la vie de la France, on sait que le territoire entier était couvert de fondations pieuses, de monastères, d'abbayes, de prieurés, d'églises enfin et de chapelles. Des Guerrois nous montre cela en action, pour ainsi dire; il nous fait voir toute cette population religieuse en contact avec l'autre et lui apportant continuellement les secours temporels d'abord, et les secours spirituels, plus invisibles, mais non moins efficaces; les miracles même dont elle l'entretenait sans cesse étaient une manière de faire vivre en ces temps grossiers le spiritualisme, que la philosophie ne pouvait pas, comme elle le put au XIIIe siècle, lui donner sous une forme scientifique : sainte Mastie faisait au Xe siècle ce que firent plus tard la *Somme* de saint Thomas et les écrits de saint Bonaventure. L'histoire ecclésiastique ainsi comprise devient l'histoire même des bienfaits du Christianisme.

Mais, aux siècles postérieurs pas plus qu'au temps même de la fondation chrétienne, les faits topographiques présentant ce genre d'intérêt ne dominent exclusivement. Que nous voyons à l'occasion se dessiner de profil de célestes figures! Saint Serein, par exemple, en est une. Il était né d'une noble maison, au VIIe siècle et au territoire de Metz. Ce Saint, épris de la science et des paisibles études, se trouva jeté en un temps troublé et parmi des populations agitées, au milieu de ces guerres d'Austrasie, fécondes en cruautés et en malheurs. Dans une révolte contre le roi Dagobert, promptement réprimée par les troupes de ce prince, le jeune Serenus se trouva, par le fait de la guerre aveugle, emmené captif. Prisonnier du comte Boson, gouverneur d'une partie de la France orientale, à qui il avait été vendu cinq écus, racheté par sa mère, femme d'un noble opulent de la province, le jeune et doux enfant refuse de retourner à la maison paternelle par amour du service divin qu'il croyait plus facile dans la pauvreté et la servitude que dans la richesse et la liberté. Il reste donc serviteur du comte, dont il n'est plus l'esclave. Boson l'avait mis à la tête de ses troupeaux, et le jeune Saint, amoureux de la science de Dieu, allant tous les jours au monastère de Neelles recueillir de cette science ce qu'il en pouvait obtenir de la parole et de la bienveillance des moines, retrouvait après des heures son troupeau intact, que les Anges avaient gardé pendant son absence. Des Guerrois fait ainsi le portrait de ce jeune Saint d'Austrasie, pour lequel on se sent un involontaire attrait (1) : « O l'homme tout admirable, doux en ses paroles, paisible en ses actions, miséricordieux envers les affligés, chaste en son corps, refrénant sa colère envers ceux qui lui faisaient injures, si doué de rares vertus et notamment de la compassion vers les pauvres, qu'il leur donnoit en aumônes tout ce qu'il avoit pour son vivre, il étoit tout à tous. » Et plus loin encore (2) :

---

(1) F° 157, recto.
(2) F° 161, recto.

« Son visage resplendissant luisoit comme la face d'un ange, et de là l'on pouvoit aisément juger la beauté intérieure de son âme ; on reconnoissoit en ses mœurs une tempérance si grande qu'elle semblait plus divine qu'humaine. Au regard du culte qu'il rendoit à Dieu, il y avoit un esprit tout dévot et un amour inépuisable. S'il prononçoit quelques paroles, elles étoient toutes confites dans le sel de la sagesse et modestie : il n'avoit point d'œil pour voir la volupté, point d'oreilles pour ouïr les médisances, point de pensées pour voler à la légèreté, point de paroles pour blâmer aucun, et ne voyoit-on rien procéder de lui que ce qui ressentoit Jésus-Christ buriné en son âme, et bien exprimé en ses mœurs. Au reste, vers les pauvres pélerins et étrangers, il n'y avoit que secours et faveur qu'il leur faisoit en tout et toujours, leur donnant de quoi se nourrir et vêtir : et toutes ces vertus, actions et miracles du Saint, étoient appuyées sur Jésus-Christ, la pierre ferme où tout bâtiment spirituel est dédié à Dieu. »

Remarquons ce soin scrupuleux que l'historien de nos Saints met à rapporter à Dieu comme à leur source, et à Jésus-Christ leur céleste inspiration, les belles œuvres de ces esprits et de ces âmes.

Et aussi, comme elles étaient abondantes ces œuvres divines de la charité, ces pensées de l'amour ! Que nous avons dans ces pages d'admirables fraternités, comme celle de saint Serein lui-même, et de l'évêque de Noyon, saint Eloi, le ministre et l'ami du roi Dagobert ! frères devant Dieu et sous l'inspiration de la charité.

Au VIIe siècle, nous avons entrevu les guerres austrasiennes, qui sont un peu moins que des guerres

civiles et un peu plus que des guerres étrangères ; au
VIIIe et au IXe, ce sont les incursions des Normands,
qui sont plus que des brigandages et pas tout-à-
fait des invasions. Selon notre historien, elles ont
duré cinquante-cinq ans (1). Dans ces courses ar-
mées, qui étaient le pillage en grand, les Normands
ravagèrent la Champagne et brûlèrent en partie la
ville de Troyes, qui fut à cette occasion enceinte de
murs et munie de portes. Alors aussi le monastère
de Saint-Loup ou de Notre-Dame, qui était sur l'emplacement de Saint-Martin-ès-Aires, ayant été dé-
truit par les Barbares, les clercs dépossédés, l'orage
passé, retournèrent et bâtirent une église dans l'enclos même de la ville, et cette église porta le nom
respecté de saint Loup (2). Mais une telle prospérité
leur attira d'autres ennemis plus redoutables encore, car ils étaient plus proches et ne portaient ni
torches incendiaires, ni armes ensanglantées, et ils
avaient la puissance : ces ennemis étaient les comtes
mêmes de Troyes. Le comte de cette époque, nommé
Adelerin (sous le roi Odon ou Eudes, en 893), se fit
abbé; c'est Des Guerrois qui nous apprend ce curieux
fait historique. Les comtes de Troyes portèrent la
crosse avec l'épée, disposant des prébendes comme
bon leur semblait, et cela dura jusqu'à l'année 1114.
L'historien, zélé partisan et défenseur des droits et
des biens de l'Eglise (car, de la part des comtes, c'é-
tait avant tout une question de propriété et de revenu), ajoute en grondant :

---

(1) F° 235.
(2) F° 236.

« Quelle pauvreté et indignité ! Hélas ! voici le temps déplorable que les Normands ruinent la France, sous le règne de Charles-le-Simple, les princes d'icelles prenoient chacun leur part, Odon, le plus fort, s'en qualifioit Roi; ceux qui commandoient ès-provinces et villes comme lieutenans du Roy, en usurpèrent non-seulement le domaine, s'en faisant seigneurs, mais encore s'intronisèrent dans les églises, se nommant abbés; se saisirent des revenus, rentes et dîmes, se rendant absolus des biens du Crucifix, et les tinrent eux et leurs enfants jusqu'au règne du roy Robert et Henri, ainsi que nous voyons cet Adelerin, gouverneur de Troyes, qui, usurpant l'abbaye de Saint-Loup, s'en disoit abbé, tout porte-épée qu'il étoit : mais ci-après nous verrons d'autres qui, plus justes et plus conscencieux, rendront ces biens usurpés. » Il faut aller jusqu'aux règnes réparateurs de Robert et de Henri son fils, pour voir ces promesses accomplies. Alors seulement aussi reprendront de plus belle les miracles un peu interrompus par ces sanglantes guerres des Normands et par ces usurpations des seigneurs. Des Guerrois a touché là sans ménagement, comme il est ordinaire à ces âmes simples et fortes, les violences et usurpations de ce x[e] et de ce xie siècle, où l'Eglise eut à se défendre et à souffrir de si durs traitements. Au reste, l'écrivain qui a l'invective a quelquefois aussi l'épigramme un peu plus légère et déguisée sous air de naïveté, comme quand il dit de Guillaume Parvi, évêque de Troyes (1), qu'il était *docteur* et *docte;*

---

(1) F° 418.

comme s'il eût voulu donner à entendre à quelques
contemporains qu'on pouvait être docteur et parfai-
tement peu docte.

Les derniers mots que nous avons cités de Des
Guerrois, à propos de l'usurpation des comtes, an-
nonçaient une époque de réparation : elle vint, en
effet, sous les comtes de Champagne plus généreux.
A partir d'un certain moment qu'on peut fixer au
xie siècle, le livre de Des Guerrois devient comme un
recueil de pièces puisées dans les archives antiques ;
les noms des rois de France et des comtes de Champagne, des Henri, des Thibaut et des Hugues re-
viennent à chaque pas avec leur cortége de bienfaits,
de fondations pieuses, hospices, monastères, églises,
abbayes. L'ouvrage est en même temps un répertoire de faits historiques curieux, recueillis dans l'histoire ecclésiastique du temps. Ici (1), c'est un détail
sur l'église de Saint-Pierre, qui était alors organisée
en monastère et réalisait, entre des hommes que ne
liait aucun vœu, tout un idéal de vie commune que
l'utopie a poursuivi depuis :

« Cependant remarquons que l'église de Saint-
Pierre se nommait monastère, et ceux qui y faisoient
le divin office sont appelés *Fratres Ecclesiæ S. Petri*,
les Frères de l'église de Saint-Pierre, pour donner
témoignage qu'alors ces bons ecclésiastiques vivaient
en mutuelle charité, union et sainte vie, fort dé-
voués à Dieu et à son service. » Et puis, tout aussitôt (2), nous apprenons encore cet autre fait singu-

(1) F° 241.
(2) F° 242.

lier : c'est que les incendies et ravages des Normands avaient forcé les chanoines de Saint-Pierre, *trop peu accommodés de biens*, à faire quelque trafic pour la sustentation de leur vie : nous sommes au xe siècle, sous le roi Lothaire. Manassès, quarante-septième évêque de Troyes, de la riche maison des comtes d'Arcis (il était fils de Hersendis, dame d'Arcis, et frère de Hilduin, comte et seigneur de ce même pays), y mit ordre en tirant les chanoines du besoin. Sa générosité et ses opulents revenus y suffirent, et c'est alors qu'il imposa aux clercs mieux dotés cette vie commune et de mutuelle charité dont nous parlions tout-à-l'heure. Les clercs voulaient bien recevoir la libéralité épiscopale, mais pour en user chacun à sa fantaisie : c'est ce que Manassès et son archidiacre Adéral ne voulaient pas; car ils avaient agi dans l'intérêt de la charité devant Dieu, non moins que dans des vues de soulagement individuel. Des Guerrois nous donne à cet égard des détails vraiment curieux (1) :

« Ayant donc, par la grâce de Dieu, assemblé beaucoup de biens en fonds et revenu, pour l'entretien et l'honnête nourriture des clercs de Saint-Pierre, ce fut la plus grande difficulté de les faire vivre en commun à la sorte de ces premiers et très-nobles chrétiens, desquels ce n'étoit qu'un cœur et qu'une âme. Chacun vouloit avoir part aux revenus, mais vivre à part. Ceux de l'Eglise entendoient aisément à recevoir l'aumône qu'on faisoit, mais non à la commune vie que l'évêque demandoit, où il en-

---

(1) F^o 252.

troit le premier avec ses ecclésiastiques, comme le père avec ses enfants : c'étoit là le nœud de toute l'affaire, de les retirer chacun de leur liberté humaine, en les convertissant de la voie trop large à l'étroite qui mène à la vie vertueuse et éternelle. »

Manassès, avec l'assistance de son archidiacre Adéral, qui s'y employa de tout son zèle et d'une partie de ses biens aussi, réussit pourtant à amener les clercs et chanoines à cette vie qu'il leur avait arrangée et facilitée. Cet évêque Manassès excellait aux œuvres de charité. Nous le voyons aussi convertir son frère Hilduin, et certes ce n'était pas une tâche facile, si nous nous en rapportons au bien singulier portrait que notre écrivain en a tracé (1) :

« Or ce comte, à la vérité, était de noble maison et sorti de parents généreux et dévots, et ayant un saint frère ; mais c'étoit un mauvais garçon, qui menoit une vie militaire, carnassière, voluptueuse et désespérée. » Manassès, que cette vie remplissait de douleur et qui avait résolu de ramener son frère, confie cette conversion à Adson, abbé de Montier-en-Der, qui réussit à attirer à lui ce seigneur de vie peu exemplaire; il l'emmena quelque temps après en Terre-Sainte, et le comte y mourut.

Saint Adéral, l'ami de Manassès, fit lui aussi, en ce même temps, sa visite aux lieux saints; mais il fut en route, dans la mer de Sicile, surpris d'une tempête. Des Guerrois nous raconte cette tempête, qui sera bien curieuse pour ceux qui se rappelleront les tempêtes classiques (2) :

---

(1) F° 244.
(2) F° 253.

« La mer se courrouce, écume de flots, fait sa tempête et démontre qu'elle a autant de rage que d'orage. La nef où étoit notre Saint fut en grand danger ; les voiles abattues, la proue mi-rompue, les matelots ne reconnoissant plus où courir pour donner remède, les vents enragés rompant tout et poussant çà et là le vaisseau, les flots s'enflant en montagnes et s'abîmant en creux profonds, tout le ciel étant plus bruni de l'obscurité des nuages épais qu'éclairé du jour. Tout s'en alloit périr et jà le navire faisoit eau, si que tous ceux de là dedans n'attendoient que le naufrage et la mort certaine. Le Saint, voyant cette bourrasque si fâcheuse, où l'industrie humaine ne pouvoit plus rien, se mit en oraison, demandant le secours du ciel : le calme venu, le jour éclairci et les nuées dissipées, ils se virent plutôt sur le rivage par miracle que par la force des rames ; dont ils furent grandement consolés. »

On le voit, la tempête est complète ; il n'y manque pas même le *Quos ego*. L'écrivain est moins épique, mais il n'est pas moins intéressant quand il recueille quelque débris des mœurs antiques, et qu'il le rapporte à son origine : c'est ainsi qu'il nous montre (1) dans un miracle l'origine du présent que font, en son pays d'Arcis, les parrains et marraines à leurs filleuls, sous le nom de la *roulée* et du *cogneu* ; à Arcis, en effet, même aujourd'hui, on retrouve encore trace de ces sortes d'offrandes de bon augure.

L'historien nous donne assez bien idée du dé-

---

(2) F° 245.

sordre de ces temps, où l'Eglise payait par de rudes épreuves sa domination bienfaisante des siècles antérieurs et sa toute-puissance envahissante du siècle de Grégoire VII. Quand un évêque mourait (1), les officiers du comte de Champagne y accouraient et mettaient tout au pillage au nom du maître. « Les bons comtes, dit notre auteur, n'y gagnaient rien. » Mais les abus qui ne rapportent rien ne sont pas toujours les plus faciles à déraciner. Pourtant, le comte Henri mit fin à celui-là, en 1167, sous le roi Louis-le-Jeune.

Cette même année 1167 vit éteindre la dignité de prévôt, qui était la première en l'église de Troyes par les fonctions qui y étaient attachées, et que Des Guerrois nous fait connaître : « Cette dignité, jusqu'à cet an, avoit grande puissance et autorité, tellement que celui qui étoit prévôt y faisoit l'office de ce qu'on appeloit advoës, ou défenseur, non pas seulement pour plaider ou défendre le bien ecclésiastique, mais encore pour le recevoir, régir et distribuer comme œconome, de même que parmi les Grecs nous trouvons ceux qu'ils nommoient οἰκονόμους. Saint Grégoire le Grand en avoit en l'Église Romaine, lesquels il nomme *Defensores*, gens constitués pour recevoir, maintenir et défendre les biens ecclésiastiques contre ceux qui prétendroient iniquement d'y mettre la main : voyez ce qu'il écrit ès-épîtres 17, 18, 19 et 20 du VIIe livre. » A cette dignité, la première après celle de l'évêque, appartenait donc la gestion des revenus de l'Eglise, « et

_____

(3) F° 302.

de plus avoit puissance ès élections, la justice du cloître et des maisons canoniales, l'investiture des chanoines, avec le droit des féodaux. » Cette dignité importante, qui faisait du prévôt comme un demi-évêque, cessa donc en cette année 1167 par la résignation qu'en fit le titulaire Guillaume, promu à l'évêché de Chartres. D'accord avec le chapitre, il renonça à sa charge, en « se réservant seulement *vingt francs de rente* tant qu'il vivrait, et, après sa mort, la dignité de prévôt ne seroit donnée à aucun, demeurant supprimée : ce que promit le chapitre par serment donné. » L'acte en fut passé, en 1167, au chapitre, en présence du comte et de l'évêque, outre les dignitaires inférieurs.

En revanche, nous trouvons à l'année 1200, l'institution de la dignité de sous-chantre dans l'église cathédrale (1). Fonctions importantes ; car, outre la *justice et gouvernement du chœur* que le chantre conféra à ce dignitaire, et dix sols de rente à prendre *sur chaque petit chanoine*, elle comprenait le droit des écoles, c'est-à-dire apparemment le droit d'établir des maîtres et de faire distribuer par eux dans la mesure et suivant les principes déterminés d'avance, cette importante portion de l'enseignement que nous avons appelée instruction primaire.

L'église, en ces siècles, apparaît pour consommer ou provoquer tous les actes importants : à l'année 1194, nous trouvons l'affranchissement des serfs par l'église de Troyes (2) « afin qu'ils pussent être

______

(1) F° 327 verso.
(2) F° 516 recto.

libres à jamais, et que leurs biens, possessions, terres, maisons pussent tomber à leurs héritiers sans empêchement. » C'était là une généreuse mesure. Du reste, il y avait longtemps déjà que le trône avait donné le signal de ces affranchissements, de ce respect de la personne humaine.

Nous avons détaché déjà de l'ouvrage de Des Guerrois bien des passages qui nous ont offert du charme ou de l'intérêt ; nous en voulons choisir deux encore qui nous permettront de pénétrer par deux faces à certains égards distinctes, à certains points rapprochées, dans cette société du moyen-âge, si attirante pour les esprits et qui garde tant de puissance pour éveiller et intéresser les cœurs. L'une de ces figures est celle d'un pape, l'autre est celle d'un chevalier : Urbain IV, Geoffroy de Charny. Urbain IV est un des nôtres ; à lui se rattachent nos meilleurs souvenirs de religion et d'art. On sent que notre historien a été heureux de rencontrer cet illustre personnage et de lui donner place avec honneur dans son livre. Qu'il nous soit permis de remarquer comme l'Eglise en ces temps savait aller chercher jusque dans l'échoppe des artisans les jeunes esprits qui promettaient le talent et la haute vertu ; elle mettait en lumière les talents encore inconnus, elle prenait par la main ces jeunes hommes à l'heure de leur obscurité, et les conduisait vers la scène de leur vie et de leur génie, comme jamais depuis société n'a su le faire : l'intrigue alors avait moins de part à l'avancement, car l'Eglise, qui était bonne mère, était sévère aussi et éclairée, et on ne lui en imposait pas sur le talent non plus que sur les vertus. Ecoutons Des Guerrois à propos d'Urbain IV :

« Il étoit enfant natif de Troyes, d'assez médiocre maison : quelques-uns le disent fils d'un cordonnier, ce qui est même figuré en la tapisserie de l'église canoniale de Saint-Urbain ; d'autres disent d'un fripier ou ravaudeur d'habits. Néanmoins, la plus commune opinion est la première ; enfin il étoit de maison méchanique, mais illustrée par un si vertueux fils : il se nommoit Jacques de Troyes, dit Pantaléon, et encore qu'il fût sorti de parents de si petite étoffe, non relevés en noblesse ou grands moyens, si est-ce que c'étoient des gens vertueux, qui voyant leur fils d'une nature douce et capable de bien, avec l'esprit et la mémoire qui ne lui manquoient pas, le firent étudier, et cela fut cause que, comme son génie étoit affectionné à la vertu et science où il profitoit beaucoup, ni ses parents, ni ses amis ne permirent pas qu'il fût employé ès-arts méchaniques, son entendement requérant quelque chose de plus sublime ; et comme en ces temps on choisissoit les enfants de nature pie, douce, bénigne, accorte et généreuse, ayant aussi un bon esprit, pour les mettre à l'église, notre Jacques, quoique fils d'un cordonnier ou ravaudeur d'habits, fut choisi par l'évêque de Troyes et le clergé pour y être parmi eux élevé, dont il fut fait en sa prime jeunesse chanoine de l'église cathédrale, pour ce qu'en ces temps les prébendes se donnoient aux vertueux (1). » Le jeune homme est

---

(1) Encore une petite épigramme enveloppée. Nous avons déjà remarqué que c'est assez le genre de Des Guerrois. Du reste, je ne l'ai pas donné pour un écrivain, et ses lecteurs auront pu remarquer que sa phrase est parfois comme un répertoire ou un musée des temps du verbe.

maintenant aux mains de l'Eglise, et nous pouvons
compter sur la sollicitude de la Mère universelle,
pour donner jour aux promesses de cette vive et
haute intelligence qui s'annonçait en lui. Il est envoyé en la « célèbre université de Paris, » où il devint « bon philosophe, docte au droit canon, et
très-éloquent prédicateur. » Nous n'avons pas à le
suivre dans les progrès successifs et rapides aux-
quels aide cette Mère-Eglise, protectrice et bienveil-
lante. Remarquons seulement que le futur Urbain IV
prélude à sa papauté par la nonciature en Pomé-
ranie, Livonie et Prusse, et par des missions en Allemagne pour traiter de la paix. En 1261, enfin, il
arrive à la première dignité de l'Eglise, et, dans ce
poste si haut, il n'oublie ni sa famille, ni son pays.
Il se souvient de la petite maison de son père, et,
sur l'emplacement qu'elle avait occupé, il fait élever cette église, qui est après six siècles la joie des
yeux des artistes et des simples amateurs de l'art.
Urbain IV est parmi nous un des représentants de la
science ; il voulait que, parmi les chanoines de l'é-
glise Saint-Urbain fondée par lui, il n'y eût que des
docteurs. Il avait déjà acheté trois comtés, dont
celui de Brienne, pour les doter. Ces chanoines
étaient au nombre de douze, avec des chapelains et
de bons revenus. Et son amour pour son pays n'é-
tait pas exclusif : de si haut, il voyait plus loin. Il
aida à doter l'abbaye de Saint-Urbain proche Joinville ; il fit beaucoup de bien à l'église Saint-Etienne
de Troyes ; il donna cinq mille florins « pour aider
à bâtir l'église Notre-Dame-des-Prés, où sont religieuses de l'Ordre de Cîteaux, car il aimoit cet Ordre
cordialement, et encore cette maison particulière-

ment à cause que sa mère y étoit inhumée. » Surtout il se souvint de cette église cathédrale qui avait été sa *première nourrice;* en ce temps-là, « les Doyen et Chapitre dès longtemps rebâtissoient l'église d'un œuvre beau, somptueux et magnifique. » Le pape, en conséquence, dès la seconde année de son pontificat (1262); donna une bulle « par laquelle il invitoit les bons Chrétiens d'y faire leurs largesses en rémission de leurs péchés. »

Urbain IV, dont le pontificat ne dura que trois ans, mourut trop tôt pour l'accomplissement de ses desseins bienveillants : il légua du moins la protection de son église favorite à son neveu Ancher, cardinal du titre de Sainte-Praxède, comme lui natif de Troyes, lequel répondit dignement au désir de son oncle. Les chanoines, de leur côté, ne furent pas ingrats. Ils instituèrent et, au temps de Des Guerrois, ils célébraient encore, le 4 octobre de chaque année, un anniversaire solennel, en commémoration de la mort de leur fondateur. Ainsi, autrefois, les plus nobles sentiments de l'âme humaine trouvaient dans l'Eglise une expression généreuse et sainte. La Révolution a brisé tout cela, et, en ne semblant relâcher que les liens de l'homme avec la divinité, elle a relâché en effet les liens des générations avec les âmes des bienfaiteurs; elle a brisé les attaches des âmes soi-disant émancipées des siècles postérieurs avec les siècles passés qui contenaient leurs origines et commençaient leurs traditions les plus chères.

Nous venons de passer quelques instants avec le pape contemporain de saint Louis et de Joinville; transportons-nous maintenant en idée près du chevalier contemporain de Froissart. Il s'appelait Geof-

froy de Charny, gouverneur de Picardie, et Des
Guerrois, sous l'année 1353, nous rappelle sa vie
à propos de la fondation de l'église canoniale de
Notre-Dame de Lirey. Cette vie et le récit que nous
en donne Des Guerrois nous replace au XIVe siècle,
en pleine invasion des Anglais. Ce seigneur, accom-
pagné d'un Montmorency, avait formé le noble projet, accompli seulement deux cents ans après par un
Guise, de rendre Calais à la France, et il avait été
honteusement trahi par un Genevois, châtelain du
château de Calais, qui avait promis de lui remettre
la ville. On dit au roi d'Angleterre qui était le chevalier, et le roi d'Angleterre, qui savait ce que valaient
ces épées sur le champ de bataille, ne voulut entendre parler ni de liberté, ni de rançon. Geoffroy, en
cette extrémité, s'adresse à la sainte Vierge, la grande
adoration du moyen-âge; il lui promet, pour prix
de sa liberté, de lui fonder et dédier une église. Deux
anges lui apparaissent, et prennent sa parole d'ac-
complir le vœu précédemment fait : « A la même
heure, ces deux beaux anges en apparence humaine
qui lui parloient et recevoient son vœu qu'il pensoit
être deux hommes, lui ouvrirent les portes fermées du
cachot noir où il étoit, lui ôtèrent ses liens dont il étoit
enfermé, et l'emmenant avec un visage riant hors
de la prison, lui dirent qu'il n'étoit plus en la geôle,
ce qu'il reconnut évidemment; mais ce ne fut pas
toute la charité qu'ils lui firent, elle passa plus avant;
ils le vêtirent d'une bonne cuirasse et une casaque
dessus à l'anglaise, lui donnèrent des cuissarts et
casque en tête, lui chaussèrent ses bottes et ses épe-
rons, le ceignirent d'une épée de bonne trempe telle
qu'il méritoit bien de porter pour sa vaillance, lui

présentèrent un bon cheval où il monta et une lance
en la main, le firent, en un mot, nouveau chevalier
par l'accolade et office d'une main angélique, lui
commandant qu'au sortir de la ville il s'en allât
joindre aux troupes angloises qui cheminoient hors
de Calais pour attaquer les François qui s'étoient
approchés au combat, et que, se jetant dans les
armes des François, il se fit reconnoître. »

Il se fit reconnaître, en effet, à la vaillance de son
épée et au poids de ses coups. Voilà bien une histoire chevaleresque et digne de Froissart. Geoffroy
de Charny est en effet un héros de Froissart, et l'historien de la chevalerie nous a raconté sa mort hé-
roïque à Poitiers, comme il tenait la bannière de
France et combattait valeureusement « contre l'Anglois. »

Geoffroy de Charny s'acquitta fidèlement de son
vœu par la fondation de l'église collégiale de Lirey.

Ainsi se déroulent et se succèdent dans ce livre
les faits curieux que je groupe de mon mieux et qui,
placés dans cette histoire sans trop de méthode, sui-
vent pourtant une apparence d'ordre marqué par la
suite des temps et la succession des évêques. L'évêque, au moyen-âge, est dans le diocèse la personne
éminente, il est le lien des temps. Le siége épiscopal
de Troyes était souvent en de nobles mains : nous
avons déjà vu Manassès, frère d'un comte d'Arcis ;
voici Mainard, cinquantième évêque, fils et frère des
vicomtes de Sens ; Henri, cinquante-septième évêque, sort de la maison de Champagne ; Manassès II,
cinquante-neuvième évêque, appartient à la maison
des seigneurs de Pougy ; Barthélémi, le soixantième,
est de la maison de Plancy ; Garnier, le soixante-

unième, que Villehardouin appelle Renier, était de
la maison des seigneurs de Traînel. Pour ne pas dé-
roger sans doute à sa noble origine, autant que par
l'impulsion du zèle religieux, il se croisa en 1198;
mais, ayant appris en chemin la mort du comte
Henri II, il ne poussa pas plus loin son entreprise,
et le pape Innocent III le releva de son vœu. Henri
de Poitiers, soixante-onzième évêque, est d'une origine plus illustre encore, car il sort de la grande
maison des comtes de Poitiers : *Pieux et preux*, dit
Des Guerrois. Il avait été bailli et avait en cette qua-
lité rendu bonne justice. Il était conseiller du roi
Jean, et donnait de bons et d'énergiques conseils.
Evêque et voyant les Anglais, que Des Guerrois appelle *ces barbares Anglois*, envahir son pays, il prit
les armes, leur fit souvent la guerre et les combattit
victorieusement. Ils s'en vengèrent en brûlant son
château d'Aix-en-Othe. Les armes de ce vaillant et
victorieux évêque étaient un écu d'azur, un chef d'or
et six tourteaux d'argent. Ses neveux ont été longtemps seigneurs barons d'Arcis-sur-Aube, jusqu'à
Philippe de Poitiers, dont le cœur a été inhumé dans
l'église même du pays : ce Philippe n'est autre que
le père de Diane de Poitiers. Philippe n'avait eu
qu'un bâtard, nommé Jean de Poitiers, seigneur de
Mailly en 1515 : « Voilà, dit Des Guerrois, de la
maison de Poitiers, qui a duré en Champagne près
de deux cents ans. » Le père de notre historien,
Claude Des Guerrois, avait connu de près cette maison, ayant été intendant de la duchesse de Bouillon,
fille de Diane et baronne d'Arcis. Voilà comment
Marie-Nicolas peut nous dire qu'il a vu beaucoup
de beaux titres de la duchesse de Valentinois.

Jean Léguisé, soixante-seizième évêque, autre prélat guerrier, concourt, sous Charles VII (1429), à chasser les Anglais de Troyes. Le roi, en récompense de ce bon service, l'anoblit et l'envoya comme ambassadeur au concile de Bâle, ainsi que nous l'apprend Æneas Silvius, pape sous le nom de Pie II, dans les *Actes* de ce concile.

La puissance des évêques, qui avaient eu la haute-main pendant des siècles, se mine avec le temps, et nous voyons en 1524, sous François Ier, le soixante-dix-neuvième évêque, Guillaume Parvi, reconnaître que les chanoines de Saint-Pierre sont exempts de la puissance et juridiction de l'évêque de Troyes, et qu'ils ont leur juridiction dans leur cloître. Le chapitre s'était bien émancipé depuis que Manassès, avec son auxiliaire saint Adéral, faisait la part aux *clercs* de son église et les réduisait, riches seulement de ses bienfaits, à vivre d'une vie commune.

Le siècle devait voir un coup plus rude porté à l'épiscopat par un évêque même. Le quatre-vingt-deuxième évêque de Troyes, Antoine Caraccioli, fils du vice-roi de Naples, donna à son clergé et à tout son diocèse un grand scandale : il se fit protestant. C'était là un sujet difficile à aborder, et Des Guerrois s'en est tiré par un artifice des plus naïfs ; il a feint de l'oublier, et puis tout d'un coup il s'écrie (1) : « Ha ! j'ai passé Antoine Caracciole, n'y pensant pas, et il semble que Dieu veuille que je l'obmette comme ne méritant pas d'être nombré parmi nos évêques, qui toujours ont été bons catho-

---

(2) F° 420.

liques. » Caracciole était évêque dès 1550, et le chroniqueur est déjà arrivé à 1554; il est donc obligé de revenir sur ses pas. Antoine Caraccioli ne fit pas les choses à demi : il écrivit un livre où il mit ses nouvelles doctrines (1), et il prêcha le calvinisme jusque dans la chaire épiscopale; mais ce peuple de Troyes, bon catholique par excellence, ne le put souffrir, et une telle clameur s'éleva contre l'évêque apostat, qu'il dut déposer les marques de la dignité épiscopale : il se fit alors calviniste et prêcha les doctrines protestantes, dans la rue du Bois, au milieu d'un auditoire nombreux et transporté. Mais on n'arriva pas là sans secousses : nous voyons par une note de Des Guerrois, qu'il a mise à la fin de son exemplaire et qu'il tirait d'un manuscrit de M. Mergey, chanoine de Saint-Urbain, que les protestants, sous cet évêque de leur bord, se sentant secrétement appuyés, faisaient scandale aux cérémonies catholiques, et alors la sédition se levait dans la ville, le tocsin sonnait, on *ruait* des pierres contre les maisons irrévérencieuses de la rue Moyenne, alors qualifiée *la petite Genève.* Les arquebuses étaient tirées et les épées dégaînées. Cette même note transcrit une lettre de M. de Turgis à M. de Beauffremont, successeur de Caraccioli, dans laquelle ce chanoine fait à l'évêque nouvellement promu le récit d'une émeute fort sérieuse qui mit le désordre à Troyes,

---

(1) Ce livre est intitulé : *Miroir de la vraie religion* (1554). Courtalon déclare n'avoir jamais pu rencontrer ce livre, et nous n'avons pas été plus heureux que lui : l'œuvre de l'évêque infidèle aura péri dans ces luttes violentes de catholiques à protestants.

depuis Pâques 1662 jusqu'à la date de cette lettre : nous voyons les huguenots bien armés de morions, corcelets, arquebuses et pistolets, marcher en bon ordre sous leur capitaine, M. de Montolain, et leur *coronal*, M. de Bussy. Les huguenots, à un certain moment, étaient si bien maîtres de la ville, que les prêtres célébraient à huis-clos le service dans les églises, et que les chanoines de Saint-Etienne, qui avaient *quelque matière à faire cloches*, craignant une surprise, se servirent de ce métal pour fondre des arquebuses et se défendre au besoin. L'évêque démissionnaire avait la main dans ces turbulentes affaires : M. de Turgis raconte que les gens de Caraccioli ont tué, à Saint-Lyé, sept ou huit soldats qu'on croit enrôlés au service du roi, ce qui n'empêche pas de Melphe lui-même d'installer, le lendemain, ses chevaux dans la maison de l'évêque, qu'il considérait encore comme la sienne. M. d'Esclavolle, envoyé du roi, dut prendre des mesures rigoureuses contre la sédition qui menaçait de s'étendre.

La pression du protestantisme forçait l'église catholique à se surveiller de plus près et à s'épurer elle-même. Nous voyons, en 1564, quelques années après Caracciole de Melphe et sous le successeur qui lui avait été nommé, abroger un usage qui se sent des licences du moyen-âge et qui est remplacé par un usage pieux, plus conforme aux convenances de l'Eglise chrétienne : « En l'année 1564, fut ordonné qu'au jour de Pâques, après None, on iroit quérir le R. évêque de Troyes en procession, pour assister aux Vêpres, en chantant une bonne musique, pour laquelle cérémonie il paie au chapitre huit livres, au lieu desquelles auparavant on avoit accoustumé de jouer à la paulme dans l'évêché et y donner la collation, ce qui a été louablement abrogé. »

A compter de ce moment, nous sommes dans les guerres civiles, nous en rencontrons ou nous en entrevoyons du moins les évènements et les désastres : ici, le comte de Saint-Paul, qui commandait dans Troyes pour la Ligue, craint un siége, il abat des églises, et des matériaux il fait bâtir le fort Chevreuse, qui, peu après, *fondit de lui-même*, dit le crédule Des Guerrois (1).

Ailleurs (2), nous rencontrons l'histoire d'un apothicaire et d'un chat, qu'on croirait plutôt rencontrer dans Grosley que dans le dévot historien; mais c'est qu'en effet, il y a un côté grave dans cette anecdote : c'est le calvinisme qui a pénétré le magistrat et l'a disposé à la sévérité pour les catholiques trop zélés; c'est la pendaison de ce pauvre innocent de catholique qui n'avait qu'un peu pillé la maison de l'apothicaire irrévérencieux : celui-ci avait attribué à une *anatomie de chat* malicieusement exposée, les miracles opérés par la Belle-Croix, sa voisine. La Belle-Croix dont il est question dans cet épisode et que nos pères se souviennent d'avoir connue, bien jeunes encore, et qui est restée dans leur mémoire un grand et haut monument, est décrite par Des Guerrois, qui l'avait vu réédifier en 1595, aux jours de sa première jeunesse; elle était située dans la Grand-Rue, sur la place qui est aujourd'hui devant l'Hôtel-de-Ville, ou un peu plus haut.

---

(1) F° 423.
(2) F° 423.

Avec patience, avec profit, nous avons suivi Des Guerrois jusqu'aux approches du terme de son ouvrage : nous sommes arrivés jusqu'à l'an 1632, sous Louis XIII, et si la piété est encore dans les âmes, la sainteté n'est plus guère que dans les souvenirs ; l'historien devait s'arrêter là, quoiqu'il eût encore devant lui bien des années de vie.

Des Guerrois ne se séparait pas pour toujours des Saints, de ces Saints qui lui étaient chers, et avec lesquels il était depuis des années en communion de vie intérieure. Il revenait encore à eux dans divers ouvrages, dans le petit livre sur saint Avertin, et dans le volume intitulé : *Ephimeris Sanctorum insignis Ecclesiæ Trecensis* (1648), dans lequel il a passé en revue, jour par jour et en indiquant leurs titres de sainteté, ceux qu'il appelle *Nostrates Sanctos*, et qui ne sont plus seulement les Saints qui appartiennent au pays par leur naissance ou par la conservation de leurs reliques (1), mais bien ceux dont la fête est, aux divers jours de l'année, célébrée dans le diocèse : c'est le *Calendrier illustré*. A ce livre il a mis une dédicace simple et presque touchante : *Deo Optimo Maximo*.

Nous passons rapidement sur cet ouvrage, qui n'est vraiment qu'un livre de dévotion, et un livre de dévotion en latin, plutôt encore à l'usage des prêtres qu'à celui des fidèles. Nous nous arrêterons davantage au petit livre sur saint Avertin, qui est

---

(1) On en retrouve du reste quelques-uns : sainte Savine, saint Savinien, sainte Maure, etc.

très-rare, et presque introuvable (1). Nous en don-
nons pour ce motif le titre exact : *Les Veritez de
S. Avertin, Prestre Anglo-François, fidelle Achates de
S. Thomas de Cantorbie, Où se découvre la vie, les mi-
racles, les souffrances, avec la Mort, et autres choses
memorables de ce grand Saint. Recueillies par Marie-
Nicolas Des Guerrois de Jesus Prestre P. D. T. indigne.
Histoire non encore veuë. A Troyes, Par Jean Jacquard,
imp, de Monseig. l'Evesq. ruë Corderie. M.DC.XLIIII.
Avec approbation.*

Disons-le tout de suite : saint Avertin (2) a été un
peu grandi par l'écrivain : c'est là une illusion de pa-
négyriste, et bien innocente. Saint Avertin avait été
traité un peu légèrement, chez le curé même de
Saint-Aventin, par une réunion de personnes que
Des Guerrois ne nomme pas, par charité ; le curé,
dans l'amertume de son cœur, raconta le fait à Des
Guerrois, et comme il était connu pour s'occuper
de recherches sur ces Saints d'autrefois, il l'engagea
à faire sur les vertus et mérites du prêtre anglais
quelques prédications en son église paroissiale. Des
Guerrois y consentit et fit, pendant quatre ans de
suite, les prédications demandées, *avec bonne au-*

---

(1) On n'en connaît en effet qu'un exemplaire appartenant à M. le
docteur Fr. Carteron, et c'est à l'obligeante communication qu'il
a bien voulu m'en faire que je dois de connaître ce très-curieux
petit livre.

(2) Qu'il ne faut pas confondre avec saint *Aventin*, comme on
l'a fait souvent ; la confusion a été d'autant plus facile et plus natu-
relle que saint Avertin avait une chapelle sous l'invocation de son
nom dans l'église de Saint-Aventin de Troyes.

dience toujours : et c'est de là qu'il a écrit *ces petites lignes* (1).

L'ouvrage imprimé est précédé d'une dédicace à André Briçonnet, sieur de la Chaussée et du Mesnil, conseiller du Roi en la Chambre des Comptes, et à Louise Pithou, son épouse, native de Troyes et descendante des célèbres Pithou. Cette dédicace est assez belle, on sent même en un passage comme un accent de Pascal et son magnifique étonnement fondé sur l'incompréhensible irréflexion du chrétien :

« Ce n'est rien de la terre au regard du ciel, ni des choses passagères de ce monde en respect de l'Eternité, n'étant ici qu'un point au dire de saint Emilien et qu'un moment au rapport du Saint Apôtre, et là des immensités incompréhensibles et un amas de tous biens, d'où je suis ravi d'étonnement de voir les hommes si aveuglés qu'ils n'envisagent fixément la vertu en la pureté de la Religion Chrétienne Catholique, pour s'y attacher et y marcher comme dans la route assurée qui les conduit et avec la grâce les fait entrer heureusement dans cette glorieuse Eternité. »

L'écrivain a donc éloigné sa pensée du siècle, et il l'a tournée vers un grand saint, dont il a écrit la vie d'un style simple et uni. En ce qu'il dit de son style, on croirait reconnaître un petit coup de langue adressé aux faiseurs de style du temps, aux Balzac, aux Vaugelas : « Que si S. Avertin en cet écrit est paré et revêtu simplement, sans paroles fardées, et

---

(1) F° 5.

d'un langage sincère, non enflé de mots choisis, ni compassé de périodes quarrées à la MODE (1) du temps, je l'ai ainsi naïvement accoutré pour diverses raisons : la première, à ce que plus aisément il fût reçu, vu et chéri des simples ; la seconde, que vous aimez cette livrée plus que les livrées mondaines des beaux et mignards écrits ; la troisième et principale, que les Saints avec N. Seigneur se plaisent plus à la simplicité qu'à la parade, et qu'écrire la vie des Saints simplement, c'est la publier vraiment, comme dit le cardinal Annaliste. » (Baronius).

L'écrivain n'est pas si simple qu'il veut le paraître, et il est moins austère qu'il n'en a l'air : ce petit livre nous en dit beaucoup à cet égard ; il est clair qu'il a continué, parmi les études de son ministère, à garder des instants pour les poètes de sa jeunesse. Le livre, en effet, est de 1644 ; Des Guerrois a soixante-cinq ans, et il cite continuellement les poètes : Simonide, Homère, Virgile, Stace, Euripide, Perse, Pacuvius figurent à côté de Platon, de Varron, de Cicéron, de Philon, qu'il appelle le *Platon des Juifs*. Des Guerrois a donné toute carrière à son érudition profane. Il commence, dès le premier chapitre, à citer Lucien ; mais il fait une vive sortie contre l'auteur des *Dialogues*, qu'il appelle *sale épicurien* et *perdu athée;* et pourtant, malgré ses rudesses, il semble l'avoir goûté, car, un peu plus loin, il le reconnaît pour un *noble esprit*. Lucien avait bafoué toutes les choses divines et humaines, pour

---

(1) C'est Des Guerrois qui met le mot en petites capitales, non sans une intention de malice.

faire après cela l'éloge de la mouche : *le dessein de ce petit écrit* sur S. Avertin n'est pas celui de Lucien, *d'élever les petites créatures en grandes;* il se borne à faire justice : telle est au moins la prétention de l'auteur.

Saint Avertin est un bon prêtre né en Angleterre, au XIIe siècle, et ami de saint Thomas de Cantorbéry, avec lequel il subit l'exil en France, pour avoir partagé et encouragé la résistance du prélat aux prétentions et aux exigences violentes du roi Henri II (1164). La France, la Touraine leur devint un asile; Des Guerrois nous dit heureusement à ce sujet : « Tenez pour maxime que la France est la douce retraite des affligés. » Et, après avoir déployé son érudition sur les lieux d'asile réservés chez les anciens aux coupables ou aux vies menacées, il ajoute : « Il me semble plus véritable à prononcer que la divine Majesté a voulu de même sorte constituer en toute la Chrétienté le Royaume de France pour être l'asile, lieu de refuge, ou l'autel saint de Miséricorde aux affligés et oppressés...... Les Princes étrangers y viennent pour y être consolés et, par la vertu militaire des François, remis en leurs Etats, quand ils en sont dépouillés ou chassés; comme de nos jours un Prince souverain de Savoie, de Juliers, opprimé par l'Espagnol, a été soutenu, défendu et redintégré par les armes de la France; des saints Evêques s'y sont réfugiés ou remis d'accord avec les Monarques, Potentats, ou Peuples les affligeants : je n'en choisis pour caution que S. Thomas et S. Edme, deux grands Archevesques. »

Dans son enthousiasme pour la France, Des Guerrois se laisse entraîner à faire un portrait fort laid et sans aucun doute fort peu ressemblant : « S. Avertin n'a pas manqué... de reconnoître que la France étoit l'asile des affligés... Il savoit les conditions naturelles des peuples et régions : que l'Italie est soupçonneuse en sa jalousie; l'Espagne superbe à dominer; l'Angleterre fait racheter sa tête en demarant (*sic*) le Danemarck, Noverge et Suède, est cruelle et guerrière; l'Allemagne, coupe-gorge de ses nourrissons; la Pologne, avec ses Croates furieuse; la Turquie, prenant des filles chrétiennes pour le sérail, et des garçons en genissaires; l'Arabie, larronesse, et les autres nations portées à quelque barbarie. Enfin, partout ce n'est que cruauté, *vis et violentia;* mais en notre France, ce n'est que douceur, clémence et franchise. C'est pourquoi, voyant que S. Thomas s'y retiroit, il s'y est acheminé avec lui, ou après lui. Dieu a voulu par sa douceur et bonté que notre Saint trouvât en France sa retraite assurée, comme un pelerin et étranger... »

Saint Avertin se retira en Touraine, dans la petite ville de Vossel, sur le Cher, qui a depuis porté son nom et possédé ses reliques; et, à ce propos, son historien, qui oublie volontiers les proportions des choses (il va tout-à-l'heure rappeler Plutarque et ses *Vies Parallèles* en comparant saint Aventin et saint Avertin), son historien met la petite ville, le bourg de Touraine au-dessus des villes qui se disputent la naissance d'Homère, il s'écrie : « O ! que Vossel est bien plus recommandable et digne d'honneur, comme plein de bonheur de ce qu'il a reçu en son enclos et sous sa couverture saint Avertin. Mais, de grâce, considérez les dispositions divines sur ce grand saint :

l'Angleterre l'a produit, la France l'a reçu, Vossel l'a recueilli; l'Angleterre l'a nourri quelque temps, la France l'a hébergé davantage, Vossel l'a retenu. »

Enfin, l'enthousiasme de l'écrivain allant toujours croissant, il se fait fleuri et mystique comme un saint François de Sales, avec bien moins de goût assurément; il se demande pourquoi la fête du Saint est célébrée en mai? « Est-ce à raison que, comme ce mois cinquième de l'année et le séjour du printemps, est la saison des belles fleurs qui s'épanouissent sur la terre, dans les arbres, plantes et autres créatures, S. Avertin étoit une fleur céleste, de la main de Dieu, plantée en la France, dans le parterre de Vossel, animée du S. Esprit et vivifiée comme bien odorante dans le doux flair de Jésus, qui après son trépas est transplantée dans le ciel parmi les lys des Vierges, le souci des SS. mariés, la pensée des Religieux, l'œillet des Evêques et Docteurs, la rose des Martyrs, la tulipe des Apôtres, Prophètes et Patriarches, l'impériale de la Vierge Mère de Dieu, pour là y fleurir et flairer dans le pourpris de la jouissante vision et béatitude? Proposons encore une pensée plus mystique : en mai, c'est le temps agréable qu'après les douleurs de la Passion de notre Sauveur, célébrée en mars ou en avril, nous faisons la joyeuse et glorieuse mémoire de ce benin fils de Dieu en sa résurrection puissante, en laquelle il est immortel, ou de son admirable Ascension, lorsqu'il va être assis à la dextre de Dieu son père, ou de la mission du S. Esprit : aussi convenoit-il que S. Avertin, qui avoit tant souffert de tribulations au monde avec S. Thomas, durant sa vie, en ce même mois sortit des douleurs pour aller à la gloire, monter au ciel vers Dieu et à jamais en jouir bien-heureux. »

La dernière page du petit volume n'est pas moins curieuse que le livre lui-même. Nous y trouvons en premier lieu un acrostiche (pas moins que cela) sur S. Avertin : huit lettres, huit vers :

> **S** urgir en France, être né d'Angleterre,
> **A** voir la chasse et pour Jésus la guerre,
> **V** oir en son cœur de vertus un amas,
> **E** stre exilé avec son saint Thomas,
> **R** endre aux humains la santé et la vie,
> **T** oujours guérir du chef la maladie,
> **I** etter dehors des corps, l'esprit malin,
> **N** 'est-ce pas là notre S. AVERTIN ?

La rime n'en est pas riche, ni la pensée non plus : je donne cette petite pièce pour ce qu'elle vaut.

Vient en second lieu un avertissement *à l'amy lecteur* qui nous montre bien les scrupules de modestie de l'écrivain. En ses autres ouvrages, il avait mis en abrégé son nom de Marie, en cette forme : Me Nicolas D. Quelques-uns en prirent occasion de dire qu'il se qualifiait *maître*, et c'est pourquoi ici il met tout au long son prénom de *Marie*. Si cependant il avait des détracteurs, il avait aussi des amis zélés, zélés jusqu'à passer leur temps à chercher en sa faveur des anagrammes (1).

---

(1) Un ami, un admirateur avait trouvé dans le nom de notre écrivain, Nicolaus Des Guerrois, cet anagramme *O vir, tu cœlo dignus es!* Et cet ami, qui signe I. Jacobeus, avait mis cela en quatre vers latins, que voici :

> *Deliciæ sordent, sordet tibi gloria secli,*
> *Et quas exquirit mundus avarus opes;*
> *Solus amor Christus, tua lux, tua gloria tota est,*
> *O vir, tu cœlo dignus es ergo frui !*

L'envie avait donc été jusqu'à ce modeste prêtre et l'avait troublé autant qu'elle avait pu. Lui, cependant, continuait sa vie studieuse et paisible, tout occupé des Saints qu'il s'était proposé de glorifier, et des âmes qu'il devait, comme pénitencier, corriger et ramener. Ses Saints chéris, il y revenait toujours, copiant de divers côtés leurs vies qu'il recueillait pour servir de matière à ses prédications : on a encore de ces copies en son écriture menue et élégante et régulière comme l'impression (1). Ce fut en ces occupations douces et vraiment chrétiennes que se passèrent ses dernières années, qui se prolongèrent, sans autre évènement mémorable, jusqu'à la plus extrême vieillesse.

Des Guerrois mourut en 1676, en laissant le souvenir d'un prêtre instruit et d'un esprit chrétien ; et ce souvenir, après deux siècles, il nous a été doux de le recueillir. Des Guerrois est un des écrivains dont s'honore le plus notre pays, il est un de ceux qui doivent survivre, parce qu'une cordiale pensée le soutient, cette pensée qui le ramène, heureux et con-

---

(1) J'ai vu aux mains de M. Harmand une copie littéralement transcrite d'un manuscrit de Pithou, sous ce titre : *Passio Sancti Sidronii*; c'est, comme tout ce que Des Guerrois a écrit de sa main, un trompe-l'œil d'impression pour la netteté. Ces choses disent le caractère d'un homme; on y lit la précision, le soin minutieux, l'exactitude scrupuleuse; elles font comprendre aussi que l'écrivain n'était pas pressé, quand il inscrivait notamment, verset par verset, la vie de Jésus-Christ, en résumé précis des Evangiles, et mainte autre note de ce genre, pour lui seul, et toujours visant au *moulé* : il semblait pressentir qu'il avait du temps devant lui et que la vie lui serait clémente : il ne se trompait pas.

fiant, vers les *vénérables ancêtres* et les origines chrétiennes de son pays, de sa province natale; et qui
ne sait que le pays natal c'est comme la maison et
le foyer même, c'est-à-dire le lieu des affections les
plus chères dans la chère patrie (1)?

---

(1) J'ai en ma possession, et je publie avec ce petit livre même,
un portrait de Marie-Nicolas Des Guerrois, dont j'ai déjà dit un
mot en passant. Je n'ai point mentionné dans le cours de ce travail
un portrait de cet écrivain conservé au Musée de Troyes; ce portrait n'est point authentique, et il semble bien difficile que ce soit
la figure de l'écrivain dont nous avons essayé de retracer la physionomie intellectuelle; la figure du Musée a quelque chose de trop
mignon et, pour prendre une expression de Des Guerrois lui-même,
de trop *poupin*, pour être la sienne : ce portrait à première vue
offre plutôt l'idée de quelque abbé du xviiie siècle, et l'examen
qu'on en fait ne peut que confirmer cette impression première.
Le portrait qu'on voit à la tête de cette Notice a un tout autre caractère : on y retrouve la *solidité* du vieil auteur qu'il représente.

FIN.

IMP. BOUQUOT. — TROYES.

OUVRAGES DU MÊME AUTEUR.

—

EN VENTE à la *Librairie* Bouquot :

Sous le Buisson, premiers chants, 1 vol.

Pour paraître prochainement :

L'Avocat Patelin, ancienne comédie en vers modernes.

L'Avocat Patelin, nouvelle édition de la comédie du xve siècle.

Paysages de Champagne, poésies, 1 vol.

Pensées, 1 vol.

Jugements sur la littérature contemporaine, 1 vol.